*Alfons Hansch hat in Göttingen die Fächer Englisch und Sport
für das Lehramt an Gymnasien studiert und ein Jahr als
Assistant-Teacher in Liverpool gearbeitet. Dort begann er,
englische Gedichte zu schreiben. Später kamen deutsche
Gedichte und persönliche Geschichten hinzu. Er war über 32
Jahre als Schulberater bei einem großen deutschen
Schulbuchverlag tätig.*

*Die vorliegende Sammlung enthält persönliche Gedichte und
kleine Geschichten „mitten aus dem Leben". Diese sind im
wahrsten Sinne des Wortes „erlebte" Geschichte.*

Alfons Hansch wohnt südlich von Berlin in Brandenburg.

Alfons Hansch

Das Schöne Gesicht

Deutsche und englische Gedichte sowie
Geschichten mitten aus dem Leben

„Lesen ist Denken
mit fremdem Gehirn.“
(Arthur Schopenhauer)

Für
Anke & Moritz
Margarete & Georg
Maria & Rita
& Friederike

Bibliografische Information der Deutschen Nationalbibliothek:
Die Deutsche Nationalbibliothek verzeichnet diese Publikation
in der Deutschen Nationalbibliografie; detaillierte
bibliografische Daten sind im Internet über dnb.dnb.de
abrufbar.

© 2023 Alfons Hansch
Herstellung und Verlag: BoD – Books on Demand, Norderstedt

ISBN: 9783757809386

INHALT

I

II

Vorwort

Hand aufs Herz:
Lesen Sie regelmäßig?
Lesen Sie noch Gedichte, kurze Geschichten oder Bücher?
Wann lesen und schreiben wir?
Mir sind *vier Aspekte* aufgefallen, die uns zum Lesen und vielleicht zum Schreiben bringen können:

1. Interesse – Wir *lesen,* weil wir Interesse an Literatur, an Sprache (ihrem Klang) und an Worten haben. Die 5 spanischen Worte *avenidas y flores y mujeres* können wir schön finden, ohne sie inhaltlich zu verstehen. Vielleicht machen *Ihnen dadaistische Gedichte* oder *Limericks* Spaß, *ich* dagegen kann sie für blanken Unsinn halten. (Nein, ich liebe sie!)

2. Wissensvermittlung – Kinder hören gerne Geschichten! Wenn Eltern ihrem Nachwuchs regelmäßig *vorlesen,* dann lernen die Kinder Neues und Aufregendes. Ich habe z. B. meinem Vater jeden Sonntagmittag zugehört, wie er immer und immer wieder die gleiche *Geschichte vom Riesen* erzählt hat, und wehe er ließ Passagen aus! Ich kannte die Story nämlich auswendig! Später kamen neue Geschichten dazu. Heute liebe ich noch immer die Abenteuer vom *Kleinen Prinzen* und von *Pinocchio.* Sicher scheint mir zu sein, dass man Freude an Geschichten und Gedichten fürs Leben *einpflanzen* kann. Lesen bedeutet, in fremde Welten einzutauchen. Ja, tatsächlich: *Lesen gefährdet die Dummheit!*

3. Verliebtsein und Liebeskummer – Dieser Aspekt war meine größte Motivation, eigene Gedichte und kleine Geschichten *aufzuschreiben.* Den Text *Das schöne Gesicht* z. B. habe ich aus Liebeskummer geschrieben. Er zeigt, dass wir im Jugendalter sehr starke Emotionen haben und das Niederschreiben von etwas Erlebtem ein Ventil sein kann. Gedichte und Texte über die Liebe gibt es wie Sand am Meer. Ich habe mir erlaubt, noch einige persönliche *Sandkörner* hinzuzufügen.

4. Trauer – Es heißt, wenn Menschen fröhlich sind, dann hören sie Musik, ohne wirklich auf den Text eines Liedes zu achten; betrübte Menschen hingegen hören gern traurige Musik und *lesen zusätzlich* den Text des Liedes, um die tiefere Bedeutung zu erfassen. Ein Liedtext, ein Gedicht oder eine kleine Geschichte können trösten oder lassen uns kurzfristig in Selbstmitleid zerfließen, bis es uns wieder besser geht.

In meiner kleinen Sammlung habe ich Ihnen *eigene deutsche* und *englische Gedichte* sowie *kleine Geschichten* zusammengestellt; sie haben alle etwas mit meinem Leben, meiner Vergangenheit und meiner Gegenwart zu tun. Vielleicht entdecken Sie einige Parallelen zu Ihrem eigenen Leben?

An die englischen Gedichte habe ich mich herangewagt, weil ich sie Anfang der 1980er Jahre während meines Liverpool-Aufenthalts als *Assistant-Teacher* aufgeschrieben habe und nach so vielen Jahren gern teilen möchte.

Sicher werden die *Native Speaker* unter Ihnen bemerken, dass nicht alles sprachlich bis zum Letzten korrekt und idiomatisch ist.

Bitte sehen Sie mir das nach und verbuchen es unter *poetischer Freiheit*.

Aus dem Nachlass meiner Eltern habe ich zwei *Schlesische Gedichte* gefunden, die ich ihnen und ihrer schönen Heimat widmen möchte. Für Sie, liebe Leser, habe ich diese ins Hochdeutsche übertragen.

Im **Anhang** habe ich sämtliche *englischen Gedichte* übersetzt. Übersetzer wissen, auf welch schmalem Grat man dabei oft wandelt.

Ach ja, Hand aufs Herz:

Haben Sie das Vorwort ganz durchgelesen?

Ich wünsche Ihnen nun viel Spaß bei der Lektüre!

Glienick, im Herbst 2023

Die Lebensmühle

Die Flügel der Mühle,
sie drehen ständig voran.
Der Wind treibt sie an – ohne Halt.
Das Wasserrad tut's ihnen gleich
und schöpft sein Nass dauernd im Kreis.
An Sonnentagen, nach langem Regen,
wandern Tröpfchen am Strahl hinauf.
Sie *strecken* sich dem Licht entgegen,
ein immerwährendes Streben
und schaffen's oft nicht ans Ziel. –
Die Flügel der Mühle, das Wasserrad.
Sie drehen sich bei Sonne, Regen und Wind;
bald werden sie morsch, brüchig und matt.
Fast unsichtbar schimmerndes Moos
haftet an ihren Flügeln und Schaufeln.
Und dann stehen sie still. –
Oft drehen *wir* uns im Hamsterrad,
ständig im Kreis, mit welchem Ziel?
Die Mühle und das Wasserrad,
sind sie nicht Sinnbild *unseres* Lebens?

Lieblingsmensch

Du bist mein Morgen+Abend
Du bist mein Tag+Jahr
Du bist mein Frühling+Sommer
Du bist mein Herbst+Winter
Du bist meine Zärtlichkeit+Geborgenheit
Du bist meine Insel+Oase
Du bist mein Verstand+Gewissen
Du bist mein Trost+Mutmacher
Du bist mein Steuer
Du bist mein Anker
Anke, Du bist mein roter Faden
Du teilst meine Ideen+Verrücktheiten
Du teilst meine Freude+Heiterkeit
Du teilst meine Trauer+Sorge
Du teilst mein Leben
Du bist ganz wunder-bar
Ich liebe dich, so wie du bist
Danke, dass es dich gibt!

jeden tag und immer

ich erwache froh in deinen armen
deine hände streicheln mein zerzaustes haar
eng an dich gedrückt so könnt ich endlos harren
doch ein neuer tag beginnt
frischer kaffee duftet in den tassen
dreikornbrötchen käse ei und schinken
und ein schneller kuss von dir
neue kraft strömt in die glieder wieder
das radio tönt uns leis' ans ohr
dann stürzen wir ins wilde leben
und immer hälst du meinen rücken frei
ganz ohne wenn und aber
gehst du durch dick und dünn mit mir
mit rat und tat stehst du mir bei
jede stunde jeden tag und jedes jahr
schön dass du an meiner seite bist
denn du bist klug und unverwechselbar

Dentale Dominanz

Wenn meine *dentale Phase* kommt,
jeden Montag um halb drei,
dann bannt es mich ganz fest
auf deinen Zahnarztstuhl!
Mein Gesicht, nein meinen Mund,
muss ich dir zeigen; lächeln fällt da schwer.
Hilflos bin ich dir ergeben
in deiner Dominanz!
Immer wieder brummt der Bohrer,
so laut und unerbittlich lang.
Keine Chance, ihm zu entflieh'n!
Ich schau in deine Augen,
und plötzlich sprechen sie zu mir.
Sie bauen eine Brücke,
auf der ich voll Verlangen zu dir geh!
Dein Gesicht ist nun ganz nah,
(der Bohrer hat sein Werk getan)
und dann ist Mund auf Mund gepresst
und aller Schmerz vergessen.
Wenn meine dentale Phase kommt,
jeden Montag um halb drei,
dann bin ich dir so gern ergeben
in deiner dentalen Dominanz!

Unsichtbar

Architektonisch sehr harmonisch,
gewunden und alles in grau.
Am Anfang noch so einfach der Bau,
später komplexer, manchmal aber auch komisch!

Wie eine Walnuss geformt und etwas spröde,
im Inneren aber so wunderbar weich.
Unser Leben entscheidet, ob arm oder reich,
Trägheit, bedenke, macht's öde!

Alle sagen, es sei wie ein Steuer,
erschaffen ohne Griff oder Rad.
Es erspürt immer den richtigen Pfad,
ohne Wille jedoch nicht geheuer!

Stabilität – Labilität, ein wechselndes Spiel,
ohne Regeln aber funktioniert es nicht.
Stets auf der Suche nach Gleichgewicht,
lenkt dich die graue Masse ans Ziel!

Frühlingserwachen

Ich wand're über Wiesen.
Ein Hase hoppelt schnell voran!
Ich höre ihn ganz herzhaft niesen,
wusste nicht, dass er das kann.
Er zeigt sein weißes Schwänzchen
und macht ein lustiges Tänzchen!

Ein Frosch quakt kräftig nah am Teich,
und macht sich mächtig dicke.
Er tönt: Das ist hier mein Bereich!
Und fängt sich eine Mücke.
Ein Storch stolziert vorbei und guckt,
flugs hat er den Machofrosch verschluckt!

Ein Eichhorn duckt sich still im Gras,
und wie ein Blitz zuckt seine Rute.
Es macht ihm einen Heidenspaß,
Lebensfreude pur, wie ich vermute!
Das Hörnchen schaut noch einmal keck,
dann ist es plötzlich ruckzuck weg!

Ein Rehkitz steht am Waldessaum,
es dreht die Ohren hin und her.
Steht ganz still, bewegt sich kaum,
fragt sich wahrscheinlich: Kommt da wer?
Und bald verschwindet es im Wald,
vielleicht war's ihm zu kalt, zu kalt?

Im Frühling über Felder gehn,
die Natur ist aufgewacht!
Da kann ich pures Leben sehn,
dass mir das Herze lacht!
Mensch und Tier sind schon bereit,
Ostern ist jetzt nicht mehr weit!

Der Weihnachtsteller

Der Weihnachtsteller – voll und bunt,
ist so verlockend für den Mund.
Vanillekipferl sind famos,
schmecken lecker, so grandios!
Ein großer Laib aus Marzipan,
der hat's mir mächtig angetan.
Und auch die Printe mit dem Honig
macht meine Sinne wohlig.
Selbst weiße, spitze Kokosflocken,
können meinen Zahn verlocken.
Gebrannte Mandeln, ach so fein,
müssen einfach auch noch sein.
Ich entdecke den Rosinen-Stollen,
Oh weh, mein Bauch ist angeschwollen!
Ein paar Schokokringel ganz am Ende,
hinterlassen klebrig-süße Hände.
Der Weihnachtsteller ist nun leer,
Uff – ich kann nicht mehr!
Und die Moral von der Geschicht'?
Der Weihnachtsteller bringt Behagen,
doch zu viel Naschwerk stört den Magen.
Drum ess' ich nur ein kleines Plätzchen
von meinem lieben Schätzchen!

Das Biest

Mehl und Klopapier sind rar,
und Menschen werden sonderbar.
Sie raffen, was sie kriegen,
kann man den Virus so besiegen?
Derweil sitz ich in meinem Zimmer,
und es wird täglich schlimmer!
Mein Schatz ruft aus der Küche,
ich höre deine lauten Flüche!
Social Distancing ist nicht gesund,
mit einer Maske vor dem Mund.
Ich fühl mich jetzt total allein,
möcht gerne wieder draußen sein!
Meine Lehrer/innen wählen Webinare,
quasi digital verpackte Ware.
Es muss wohl immer weitergeh'n,
wann werd' ich die Schulen wiederseh'n?
Der *Lockdown* ist verstörend,
nullkommanix betörend!
Er fasst die Seele an und macht sie mürbe,
Gefangensein ist eine hohe Hürde!
Triage und *Long Covid* sind fatal,
und wirklich nicht banal!
„Bleib schön gesund!" hör ich die Freunde sagen,
und muss mich langsam fragen:
Wann kommt der Tag, an dem ich schrei:
Du *Corona-Biest*, nun sind wir frei?

Dadaistisches Gedicht

Ti-ger und Eis-bär auf Reisen

Wenn's dem Eis-bären zu warm! ist,
wandert er nach Afri-ka.
Wenn's dem Ti-ger zu kalt! ist,
wandert er nach Grön-land.

Ist Grön-land schön?
Ist Afri-ka schön?
Grön schon, land eher nicht, sagt der Ti-ger.
Afri eher nicht, ka schon, sagt der Eis-bär.

In Afri-ka sitzt der Eis-bär in der Wüste
und leckt an einem Eis-berg, na, was sonst?
Man hört nur: leck/schleck – leck/schleck
und: leck-er/schleck-er, leck-er/schleck-er,
leck/leck/leck – schleck, schleck, schleck.
Da – pardautz – ist der Eis-berg weg!
Huch, denkt sich der Eis-bär, und kriegt 'nen Schreck,
jetzt ist der Eis-berg weg, oh Schleck!

Derweil der Ti-ger in Grön-land unter Palmen sitzt
und ganz furchtbar dabei schwitzt, kein Witz!
Der Ti-ger witzelt und verhaspelt sich
und haspelt und verwitzelt sich. (he is witzeling!),
Dabei will er doch nur 'ne *Spaßrakete zünden* (witzeln)
und hat glatt 'ne *orale Spasme eingebaut.* (verhaspeln)

Der *Schubert, Olaf**, der Erfinder von beiden,
hört des Ti-gers verbale Blamage
in seiner gerauteten Ober-Trikotage.
Er geht schnurstracks zurück nach Sachsen
und macht nun seine eig'nen Faxen,
dort, wo die schönen Mädchen *waxen*!

Der Olaf, dieser Ulf, ließ den Ti-ger ganz allein,
wie gemein!
Auch der Eis-bär blieb allein-er,
noch gemein-er!

---

* *Olaf Schubert ist ein deutscher Comedian aus Dresden*

Zwei Lautgedichte

Röhrende Hirsche im Föhrenwald

Röhren Hirsche im Föhrenwald?
Ja! Hirsche röhren im Föhrenwald!
Dort, wo des Försters Büchse knallt,
kann ich die Hirsche röhren hören.
Dann schallt's ganz laut in meinen *Öhren*.
Denn wenn die Hirsche in den Föhren röhren
und dabei die Föhren stören,
gibt's im Winter keine Möhren.
Und die Hirsche können nicht mehr röhren...
Ausge-röhrt im Föhrenwald.
Die Hirsche ziehen in den nächsten Wald
und röhren nun im *Wienerwald*.
Der Förster ist total ver-stört
und hat danach nie mehr ge-stört.
Beruflich einfach aufge-hört.
Aufge-hört? Uner-hört!
Ich bin total em-pört!
Fazit:
Wenn Hirsche zu laut röhren,
kann das den Förster, *B. Brecht* und seinen *Specht*
betören, verstören oder em-pören!
Röhren Hirsche noch im Wienerwald?
Nein! - *Wisente* röhren nun im *Odenwald!*

B. Brecht und der Hecht

B. Brecht und der Hecht.
B. Brecht: „Hai, Hecht!"
Hecht: „Hai, B. Brecht!"
B. B.: „Hecht, du bist schlecht!"
H.: „B. Brecht, ich bin schlecht?"
B. B.: „Ja, Hecht, schlecht;
Hecht, du musst wech, weil ich sonst brech!"
H.: „Ich muss wech?"
B. B.: „Ja, Hecht!"
Sogar B. Brechts Specht krächzte frech:
„Wech mit dem Hecht,
sonst wird mir noch schlecht!"
Da warf B.B. den armen Hecht
einfach frech auf ein Blech! –
Das war nun Pech für den Hecht.
B.B. und dem Specht aber war's recht,
und hielten sich fortan 'nen Hammer-Hai!
(Empörte Hirsche aber röhrten laut)
„Schweinerei"!

Woodstock reloaded

Mit den *30 kursiv gedruckten Wörtern* habe ich Ihnen eine **Phantasiegeschichte** zusammengestellt

„So eine Hippie-Party hatte die Welt noch nicht gesehen: 400.000 Menschen wollten 1969 die besten Rockbands erleben. "(...)*

---

*aus: Spiegel Geschichte, Michael Sontheimer, 15.08.2019

Damals, zur wilden und freien Zeit, die Joints gingen so gut wie nie aus, lebte unsere Kommune mit Namen „Blumenkinder" in einer *akkommodablen* Villa *Kunterbunt* – genannt *Wolkenkuckucksheim.*

Wir explodierten vor *Lebenslust* und *Mut* und alles war easy und laissez-faire.

In unserer Stube hatten wir u. a. einen regenbogenfarbenen *Lesesessel,* in dem unser *Wonneproppen,* Annabelle, ach Annabelle, Bücher über *Weltschmerz* las, *Geistesblitze* und eine sinnliche *Anmut* versprühte und dabei eine *Marzipankartoffel* nach der anderen in ihre süße Schnute steckte. Ihre stark geschminkten, nachtschwarzen Augen *funkelten* und in ihrem wallenden Haar, das ihr bis zum entzückenden Po reichte, steckte stets eine *Pusteblume.*

Cindy dagegen strahlte eine gewisse Bodenständigkeit und *Gemütlichkeit* aus und war unser aller Ruhepol.

Wir waren 7 Hippies: Die oben schon erwähnten, Annabelle (sie war sehr intellektuell und hatte mal was mit dem Liedermacher Reinhard Mey) und Cindy (sie kam ursprünglich aus Berlin-Marzahn), sowie die Taugenichtse Caspar, David, Friedrich (die drei waren wie Drillinge und sehr interessiert an der Frühromantik in der Malerei), dann noch Alex und ich, Alfons (genannt Zitterbacke), ein echter **Luftikus**. Wir alle hatten schon immer großes **Fernweh**; und so gingen wir oft vor unser Wolkenkuckucksheim und schauten uns das leuchtende **Himmelszelt** an.

„Da, eine **Sternschnuppe**!", rief Alex, der etwas unsportliche Knuddelbär mit dem selbst gestrickten Pullover, und schlug zur Überraschung aller einen 1A **Purzelbaum**! „Kannste mal sehen, was ich alles kann!", krähte er voller Stolz. Uns anderen war das allerdings (Stern)schnuppe.

Derweil genossen wir den warmen **Sommerwind** und die weite **Unendlichkeit** des Weltalls; einfach den magischen **Augenblick** des „Seins"!

In der Nähe unserer Villa **mäanderte** ein lustiges Bächlein; so wähnten wir uns im **Schlaraffenland** und der immerglühende Joint machte wieder die Runde ...

In unserem schlossähnlichen Garten stand eine Staffelei und wir betrieben ausgiebig **Lautmalerei**! Dabei steckten wir unser ganzes **Herzblut** in diese damals noch unbekannte Malrichtung: Allein, die Kunst ist fürwahr kein Ponyhof! Was soll's: Profitdenken war bei uns allemal verpönt; dafür ließen wir in unserem Garten „alle Blumen blühen", wie das in einer liberalen Gesellschaft und Demokratie so üblich ist.

Was aber zählte wirklich in unserer Kommune? Zum Glück kann ich sagen, dass es zwischen uns allen prima *menschelte* und wir uns häufig umarmten und *liebkosten*. So nach dem Motto: Make Love, Not War!

Nach 7 Jahren und 7 Tagen (schon wieder die magische Zahl!) verließ ich die Villa Kunterbunt, inzwischen war Pippi (genannt Langstrumpf) eingezogen, packte alle meine *Habseligkeiten* zusammen und rief zum Abschied:

„Leute, es war 'ne crazy Zeit mit euch, bitte vergesst mich nicht!", dabei setzte ich meinen Wanderhut auf, an dem stets ein frisches *Vergissmeinnicht* steckte! Ein kleines Tränchen musste ich schon verdrücken, als Annabelle mir hinterherrief: „Alfons, wir werden dich (nicht) vermissen!"

Leider habe ich danach nie wieder etwas von den Blumenkindern gehört! Wahrscheinlich sind sie ausgewandert und nach Woodstock gezogen und genießen dort die wilde Rockmusik und die freie Liebe!

LOVE AND PEACE, yeah!

Limericks

Es war einmal ein Mann aus Glienick,
Der musste ganz schnell in die Klinik.
   Er wurde rasiert
   Und dann operiert
Leider hatte sein Bein danach einen Knick.

Es war einmal eine Frau aus Uetze,
Die fiel kopfüber in 'ne tiefe Pfütze.
   Sie wurde gerettet, zum Glück
   Der Retter war ein Kalmück
Die Frau aber fragte dreist: Und wo ist die Mütze?

Jetzt kommen wieder die heißen Tage,
Alle sprechen von einer Hitze-Plage.
   Schnell aus der Sonne
   Das ist keine Wonne
Alles menschengemacht – gar keine Frage.

Sie und er schwammen im weiten Meer,
Doch da wollte er plötzlich noch mehr.
  Kommt nicht in Frage
  Ich habe meine Tage
Ja, wir Männer haben's schon schwer.

Eine freche Raupe saß auf einem Kopf Kohl,
Und fraß diesen an einem Tag nahezu hohl.
  Die Raupe wurde gefangen
  Da ist ihr das Lachen vergangen
Der Kohl aber fühlte sich flugs pudelwohl.

Zwei Spaßgedichte

Liebes-Donuts*

SCHOKO-DONUTS FUTTERN O H N E ENDE,
SIND APHRODISIEREND FÜR DIE LENDE.
NACH *SEX* DONUTS BIN ICH SATT
UND MEIN WILLY,
NACH DEM AMUSEMENT,
VÖLLIG PLATT!
ERGO:
DONUTS MAMPFEN VOR DER LIEBE,
STEIGERT MERKLICH DEINE JUNGEN TRIEBE!
OB DAS IM ALTER AUCH SO IST, DA BIN ICH EHER
PESSIMIST!

------

einem Goethe-Zitat nachempfunden:
„Gerne der Zeiten gedenk ich,
da alle Glieder gelenkig – bis auf eins.
Doch die Zeiten sind vorüber,
steif geworden alle Glieder – bis auf eins."

Der Affenbrotbaum

Einst pflanzte ich 'nen Affenbrotbaum,
das war schon 100 Jahre mein Traum!
Ich goss ihn täglich und sprach mit ihm,
denn er konnte ja nicht flieh'n!
Der Baum entwickelte sich prima,
er mochte wohl das Klima!
Es war nicht so heiß wie in Afrika,
und wer freute sich da? Na, die Baoba(b)!*
Bald wuchs dem Baum ein prächtig-grünes Gewand,
die Blätter ähnelten einer menschlichen Hand!
So ein Affenbrotbaum ist ganz famos,
in seinem Schatten ist immer was los! –
Isst du nun fleißig Affenbrot zum Abendbrot,
dann werden deine Wangen rot – ganz rot!
Scheinbar ein *Superfood*, dieses Affenbrot!
Schockschwerenot!

------

*Baobab ist die Bezeichnung für die Frucht des
afrikanischen Affenbrotbaums und wird u. a.
gegen Fieber, Asthma, Zahnschmerzen, Malaria
und zum Abnehmen! eingesetzt; aus: https://de.
wikipedia.org/wiki/Baobab-Frucht*

Eerkuchen*

„Schnell Junge, loof zum Koofmich Beer
und hull versch Assen a poar Eer!
Ich flitze lus und koof se ei,
steck se zerr Hosentoasche nei.

Eim Goarten drinn beim Krause Seppel,
sein a su schiene rute Äppel!
Ich loaß mich vo dar Pracht verführn
Und denk, „die mußte mo probiern."

Wie ich asu beim schinnsten kusten,
hier ich a Krause Pauer husten!
Mit eenem Soatz bin ich oam Zaun,
schnell drunger durch – und oabgehaun.

Nanu denk ich, woas is denn doas,
du wirscht uff emo a su noaß?
Do foalln mer doch de Eer ei,
die woarn jitzt oalle blus no Brei!

Doas woar vielleichtzz a su a Plunder,
de Soße lief oam Beene runder
und über oall wuhie ich langte,
do foaßte ich ei Eerpampe! –
Na irscht de Mutter woar mer gutt,
zu Mittche kriegt ich treues Brut!

Ei a Bloobeern*

Ach, ihr Kinder, heut wird's schien,
weil mer ei de Bloobeern giehn.
Eemer, Tippel und ne Schniete
nahm mer ei de Bloobeern mitte.

Oalles freit sich, oalles lacht,
weil doas zu viel Freede macht.
Früh beim irschten Hoahnenschrei
giehts zum Bloobeerpusche nei.

Und schoan bal tun oalle hucken,
tun wie wilde Bloobeern pflucken
schwiefelbloo sein oalle Sträuchel
moanche Beere kommt eis Bäuchel.

Und ma sieht glei oa da Frassa,
war oam meesta hoat gegassa.-
Bei dam viela Bloobeernsuchen
tun em wieh bal oalle Knuchen.

Und is Kreuz is loahm und krumm,
wenn mer oabends heeme kum.
Aber oalles ist vergessen,
wenn mer Bloobeerkuchen assen.

Gefunden im „Schlesischen Nachlass" meiner Eltern

Zehnkampferinnerungen

Wer König der Athleten werden will, muss
„den Mord in zehn Raten" (Bob Mathias) erleiden!
Schnelligkeit, Ausdauer, Kraft und Koordination: Diese vier
Qualitäten, die sich gegenseitig behindern, muss der Athlet
verknüpfen.

So lange ich denken kann, habe ich mich gern bewegt. Laufen, springen, werfen – das war mein Elixier! Meine Oma bemerkte oft: „Jung', du springst wie ein Reh durchs Feld!" Im Schulsport war ich bei den sogenannten Bundesjugendspielen im Dreikampf (75-Meter-Lauf, Weitsprung und Ballwurf) immer Schulbester; und bis heute habe ich die Bücher, die damals als „Preise" verteilt wurden, noch im Regal stehen.

Mein Sportlehrer hatte angeregt, dass ich mich einer Sportfördergruppe für Leichtathletik anschließe. In unserem Landkreis waren talentierte Schüler ausgesucht worden, und ich gehörte dazu! Und so war es jedes Mal aufregend, wenn es dienstags mit dem Bus zum Training ins Förderzentrum ging.

Ich erinnere mich, dass in dieser Gruppe auch Barbara Schenker trainierte. Sie war die Schwester der beiden bekannten Rockgrößen Rudolf (Scorpions) und Michael (Michael-Schenker-Group) Schenker.

Anfangs habe ich parallel zur Leichtathletik noch Handball gespielt. Meine Sprungkraft war von Vorteil bei druckvollen Sprungwürfen aus der *zweiten Reihe*. Samstags war häufig ein Handball-Spiel angesetzt, sonntags fuhr ich zum Leichtathletik-

Wettkampf. Beides war über die Dauer nicht vereinbar, und so entschied ich mich für die Leichtathletik; speziell für den Hochsprung, den Hürdenlauf und später für den Zehnkampf.

1968 hatte „Dick" Fosboury, ein ehemaliger US-amerikanischer Hochspringer, bei den Olympischen Spielen in Mexiko den Hochsprung mit seinem bis dahin nie gesehenen Fosboury-Flop revolutioniert.

Dieser Rückwärtssprung wird bis heute von fast allen Athletinnen und Athleten praktiziert.

Bald hatte ich – ich wahrsten Sinne des Wortes – den Bogen raus, denn bei der Lattenüberquerung spricht man von einer Bogenspannung und ich erklärte den Hochsprung zu meiner Lieblingsdisziplin.

Inzwischen war ich einem Verein beigetreten und trainierte nun regelmäßig 3x in der Woche. Manchmal fiel es schwer, die 5 km mit dem Fahrrad zum Sportplatz zu fahren, und wenn ich mal geschwänzt hatte, war der Trainer richtig sauer!

Mir wurde erst später klar, wie engagiert mein bis heute von mir verehrter Trainer war, um neben seinem Beruf immer auf dem Sportplatz zu stehen. Chapeau, Herr Krüger! (Ich habe ihn bis zu seinem Tod immer mit „Herr Krüger" angeredet.) Er war ein guter Werfer und in seiner Altersklasse Weltmeister im Gewichtwerfen.

Er hatte einfach Spaß, eine Gruppe talentierter Athleten weiterzubringen, das werden wir ihm nie vergessen. Der interne Konkurrenzkampf stachelte mich an, auch in anderen Disziplinen vorn dabei zu sein. Oft hatte ich mir im Fernsehen u. a. den Hürdenlauf angesehen. Ich konnte den Bewegungsablauf gut antizipieren, und so brauchte ich nicht lange, um schnell über die

10 Hürden zu laufen.

Das regelmäßige Krafttraining im Winter trug dazu bei, dass unser Team Jahr um Jahr in allen Disziplinen besser wurde. Hier soll im Weiteren von der **Königsdisziplin**, dem **Zehnkampf**, die Rede sein.

Bob Mathias, ein ehemaliger amerikanischer Zehnkämpfer, nannte ihn *Mord in zehn Raten*. An 2 Tagen werden jeweils 5 Disziplinen absolviert. Am ersten Tag sind dies: 100-Meter-Lauf, Weitsprung (3 Versuche), Kugelstoßen (3 Versuche), Hochsprung (je Höhe 3 Versuche) und der 400-Meter-Lauf. Am zweiten Tag geht es weiter mit dem 110-Meter-Hürdenlauf, Diskuswerfen (3 Versuche), Stabhochsprung (je Höhe 3 Versuche), Speerwerfen (3 Versuche) und der Abschlussdisziplin, dem 1500-Meter-Lauf. Es gilt also, 4 Laufdistanzen, 3 Sprünge und 3 Wurfdisziplinen zu meistern.

In den 1970er Jahren gab es noch einen *Mannschaftswettbewerb im Zehnkampf*. Dieser ist meines Wissens heute (leider) nicht mehr existent. 4 Athleten gehen an den Start, und die ersten 3 jeder Mannschaft kommen in die Wertung. Darüber hinaus gab es parallel zur Teamwertung eine Einzelwertung für die ersten drei Punktbesten aller teilnehmenden Zehnkämpfer.

„Mein Wettkampf" fand am 4. und 5. Oktober 1975 in Südniedersachsen statt. Es waren die Bezirksmeisterschaften und 6 Mannschaften à 4 Athleten hatten sich angemeldet.

Es sei angemerkt, dass der nun folgende Bericht aus dem Gedächtnis aufgeschrieben wurde und daher die tatsächlich erreichte Punktzahl (5.596 Punkte) am Ende nicht mit den erzielten Leistungen exakt deckungsgleich ist!

Ich hatte gut trainiert, war aber, wie vor jedem Wettkampf, nervös und gleichzeitig fokussiert! Den komplexen Stabhochsprung hatte ich mit einem weichen Stab endlich in den Griff bekommen. Im Lauftraining war ich bei den Intervall-Läufen bis an die Grenze zum Übergeben gegangen. Auch im Weitsprung hatte ich zuvor bei Einzelwettbewerben endlich die 6-Meter-Marke geknackt. Hochsprung und Hürdenlauf waren *gesetzt*.

Unsere Mannschaft war der Favorit, und wenn nichts Unvorhergesehenes passieren würde, sollten wir den *Lorbeerkranz* erringen. Die Frage war nur: Wer gewinnt die Einzelwertung? Im Feld starteten eine Handvoll Athleten auf *Augenhöhe*, und jeder dieser Sportler kam für den Sieg in Frage!

1. Tag:

Es ging los mit dem **100-Meter-Lauf**; eine schnelle Reaktionszeit garantiert einen gelungenen Start. Bei den Sprintern ist es wichtig, dass die ersten 10 bis 15 Meter in noch leicht gebeugter Haltung absolviert werden, bevor sich der Oberkörper nach ca. 20 Metern aufrichtet. Ich war nie der große Sprinter, und so ordnete sich die Zeit von 12,3 Sekunden im mittleren Starterfeld ein.

Weitsprung ist eine *kribbelige* Disziplin, weil jeder Athlet innerhalb von 34 cm (Breite des Absprungbalkens) abspringen muss. Hinzu kommt, dass man die Fähigkeit haben sollte, einen festen Laufrhythmus zu entwickeln und vom Brett hoch abzuspringen.

Ich hatte im ersten Versuch übergetreten und der Druck in den verbleibenden 2 Versuchen stieg. Wieder sprintete ich die ca. 35 Meter Anlauf bis zum Balken – traf ihn diesmal genau – und landete tatsächlich bei 6,40 m. Das war persönliche Bestleistung! So konnte es weitergehen!

Das **Kugelstoßen** ist eine oft unterschätzte Disziplin, bei der man darauf achten sollte, die Kugel bis zum Abstoß dicht am Hals zu führen. Du musst durch deine Schnellkraft im Ring *explodieren*. Die Drehstoßtechnik war noch nicht erfunden und so hieß, es kraftvoll durch den Ring zu gleiten.

Gleich im ersten Versuch gelang mir mit knapp 12,30 m eine Weite, die mich gut im *Soll* hielt.

Die vierte Disziplin war meine Schokoladendisziplin, der **Hochsprung**. Er verlangt ein gutes Orientierungsvermögen (Kurvenlauf) und einen individuell optimalen Absprungpunkt zur Latte. Beim Überqueren der Latte ist es wichtig, im richtigen Moment eine *Bogenspannung* aufzubauen, um den gesamten Körper über die Latte gleiten zu lassen. Ich hatte mir irgendwann den genauen Absprungpunkt abgemessen, der mich in 7 Schritten in einem Halbkreis immer an den richtigen Absprungpunkt führte.

Es ist üblich, dass jeder Athlet beim Hochsprung und beim Stabhochsprung seine Anfangshöhe nennt. Ich wählte wohl die 1,65 m. Viele Zehnkämpfer meinen, dass die Pausen zwischen den Versuchen psychologisch fordernd sind und das ist sicher wahr! Ich wartete stets mit großer Ungeduld auf den nächsten Versuch. Immer wieder imitierte ich den Absprung und die *Brücke* bei der Lattenüberquerung.

Die Endhöhe lag bei 1,84 m, das waren 10 cm unter meiner Besthöhe. Im Klassement rückte ich weiter nach vorn.

Der **400-Meter-Lauf** ist für mich die taktisch anspruchsvollste und *brutalste* Disziplin des ersten Tages. Warum? Du kannst nicht 400 m durchsprinten, du darfst es aber auch nicht zu *gemütlich* angehen, weil bei einem zu langsamen Antritt die Zeit im zweiten Abschnitt der Strecke bis zur Ziellinie nicht mehr aufzuholen ist. Mit einer Zeit von knapp über 57 Sekunden hatte ich den Wettkampftag abgeschlossen. - Der erste Tag war geschafft!

Nein, nicht ganz, denn trotz deiner Müdigkeit ist es nun wichtig, Lockerungsläufe zu machen, damit sich das Laktat (Milchsäure in den Muskeln, der berühmte *Muskelkater*) nicht zu stark ausbreiten kann. Wie oft hatte ich in den vergangenen Zehnkämpfen diese ungeliebte *elfte Disziplin* unterschätzt. Das sollte mir diesmal nicht passieren! So trabte ich mit meinen Teamgefährten brav immer wieder die Wiese rauf und runter und lockerte die schmerzenden Muskeln. Alles unter der strengen Aufsicht unseres Trainers.

Zwischen den beiden Wettkampftagen konnte ich nie lange schlafen, und so stieg ich nach einer kurzen Nacht um 6:30 Uhr schon wieder aus dem Bett. Um 9:00 Uhr war der Start des Hürdenlaufs vorgesehen.

Der Leser wird fragen: Warum denn schon um halb sieben aufstehen? Es ist wichtig, dass der Körper nach den Anstrengungen des ersten Tages langsam wieder auf *Betriebstemperatur hochgefahren* wird. Unsere Maxime lautete, 2 Stunden vor Wettkampfbeginn zu frühstücken und langsam mit erneuten Lockerungsübungen und Gymnastik zu starten. Ein akribisches *Aufwärmprogramm* ist unerlässlich, da der bevorstehende Hürdenlauf äußerste Beweglichkeit verlangt.

2. Tag:

Der **110-Meter-Hürdenlauf** ist für mich die ästhetischste aller Zehnkampf-Disziplinen. Er beansprucht eine hohe Koordination, ein gutes Timing zur Hürde und extreme Geschmeidigkeit, da die 1,07 m hohen Hürden nicht übersprungen, sondern flüssig überlaufen werden sollen. Weiterhin wichtig ist der genaue Anlauf bis zur ersten Hürde.

Obwohl ich den Hürdenlauf liebte und auch gut beherrschte, hatte ich vor diesem vor mir stehenden *Hürdenwald* immer höchsten Respekt. Wie schnell kannst du beim Überqueren der Hürde *hängen* bleiben! Dann heißt es nur noch „Neunkampf" statt Zehnkampf! Mit einer Zeit von ca. 15,6 Sekunden hatte ich eines meiner besten Ergebnisse erreicht und mich wieder einige Plätze vorgearbeitet.

Nach dem Hürdensprint musst du den Bewegungsablauf beim **Diskuswurf** im Ring schnell aus dem *motorischen Gedächtnis* abrufen, da der rhythmische Lauf aus der Disziplin zuvor noch in deinem Kopf ist. Wie oft hatte ich erlebt, dass eine im Einzelwettbewerb erzielte Weite im Zehnkampf schwer erreichbar war. Nach 6 absolvierten Disziplinen fühlst du dich steif und bewegst dich *wie auf Eiern*; so habe ich es jedenfalls immer empfunden. Beim Diskuswerfen ist es neben einer guten Drehung wichtig, das Wurfgerät sauber über deinen Zeigefinger abrollen zu lassen, um dem Diskus eine stabilisierende Rotation mitzugeben. Heute hatte ich den *Dreh* raus. Mit einer Weite von 32 m war ich besser als zuvor kalkuliert. Platz 4 im Starterfeld war der Lohn.

Nun ging es an meine *Zitterdisziplin*, den **Stabhochsprung**. Es ist die technisch anspruchsvollste und komplexeste Disziplin beim *Mord in zehn Raten*. Mut und turnerisches Geschick sind hier gefragt. Obwohl ich ein passabler Turner war, hatte ich es nie verstanden, den Stab für mich arbeiten zu lassen. Mit ausgestreckten Armen musst du nach dem Einstich in den Kasten am Stab hängen, um den Katapulteffekt deines Stabes auszunutzen und den *aufgerollten* Körper nach oben schießen zu lassen. Meistens habe ich meine Arme sofort in Richtung Stab gezogen und somit den Katapulteffekt verpuffen lassen. Heute hatte ich einen anderen Stab gewählt. Es war ein eigentlich für mein Gewicht zu biegsamer und zu „weicher" Stab, aber er sollte mir im Wettkampf helfen, die notwendige Biegung zu realisieren. Einen *Salto nullo* (Anfangshöhe nicht geschafft!), wie ich ihn im letzten Zehnkampf fabriziert hatte, sollte nicht noch mal passieren!

Die Anfangshöhe hatte ich mit 2 m gewählt und nun schloss sich ein wahrer Marathon an! Es wurde immer um 10 cm gesteigert und bis zur Höhe von 2,50 m nahm ich jede Höhe im ersten Versuch. Es müssen ca. 15 oder 16 Anläufe gewesen sein, bis ich bei meiner nie vorher und nie nachher erreichten Besthöhe von 3,30 m angelangt war! Meine Beine schmerzten und waren schwer wie Blei, aber dieser Kraftakt sollte sich lohnen!

Herr Krüger und ich strahlten um die Wette, diese Höhe hatte keiner von uns erwartet. Nach 8 Disziplinen sah ich mich auf Rang 3, dank dieses *Überfluges*!

Nur noch ein Konkurrent und mein Kumpel Martin, der mit über 7 Metern im Weitsprung für Furore gesorgt hatte, lagen vor mir.

Speerwerfen ist nach dem Stabhochsprung die anspruchsvollste technische Disziplin. Um den Speer mit möglichst hoher Geschwindigkeit *auf die Reise* zu schicken, muss ein komplexer Bewegungsablauf ausgeführt werden. Schon der Anlauf ist eine Kombination von Vorwärtslaufen und seitlichem Laufen und erfordert viel Training. Weiterhin soll der Speer am ausgestreckten Arm geführt werden, um ihn dann über einen langen Beschleunigungsweg peitschenartig nach vorn zu schleudern. Schließlich musst du den sogenannten *Stemmschritt* beherrschen, der es erst ermöglicht, mit beiden Beinen fest auf dem Boden zu bleiben und den Wurf mit maximaler Geschwindigkeit auszuführen. So kompliziert dachte ich am Wettkampftag nicht. Ich hatte festgestellt, dass es ohnehin besser ist, die Bewegungsabläufe ohne großes Nachdenken (im Sport nennt man das *Automatismus*) geschehen zu lassen.

Das klappte heute recht gut. Im 3. Versuch flog der Speer auf ca. 42,50 m. Eine für mich gute Weite.

Ihr ahnt es schon: Platz 2 war die Belohnung in der Einzelwertung. Nur noch Martin hatte bisher mehr Punkte gesammelt, aber der Abstand war immer kleiner geworden. Es sollte im 1500-Meter-Lauf zum *Showdown* kommen!

In der Mannschaftswertung waren wir bereits vor dem 1500-Meter-Lauf nicht mehr einzuholen, da auch Kalle (Karl-Heinz), unser dritter Teamkamerad, einen guten Tag erwischt hatte und im 100-Meter-Lauf sowie im Weitsprung neue persönliche Bestleistungen erzielte. Er sollte am Ende Platz 5 belegen.

Der finale **1500-Meter-Lauf**, von den meisten Zehnkämpfern gehasst, fordert dir nach 9 Disziplinen allen Willen und alles

Durchhaltevermögen ab! Du musst den *inneren Schweinehund* so schnell wie möglich überwinden und so lange es geht im *Steady State* (ausgeglichene Sauerstoffzufuhr und Sauerstoffabgabe) laufen.

Vor der *Quäldisziplin* war nun die Frage, wer die beste Kondition mitgebracht hatte. Ich erinnerte mich kurz an mein intensives Lauftraining und an die Aussage von *Nikolai Awilow* (Olympiasieger 1972), der gesagt hatte: *„Wer nach 9 Übungen noch lächeln kann, der gewinnt! Das Lächeln macht alle anderen fertig!"* Natürlich waren meine Nerven angespannt und lächeln fiel da schwer. Martin und ich konnten uns beide gut *quälen,* und immer wieder hatte mal der eine, mal der andere die Nase vorn gehabt. So war die Ausgangssituation spannend und nicht vorherzusagen, wer am Ende siegen sollte.

Der Startschuss fiel. 3¾ Stadionrunden lagen vor uns. Martin ging sofort in Führung, aber ich fühlte mich gut und blieb dicht hinter ihm – ein leichter Vorteil, wenn du den Windschatten nutzen kannst. Nach 2 Runden hatten wir uns vom Feld 4 bis 5 Meter abgesetzt. Unser Atem wurde schwerer, die Beine wollten nicht mehr und die Lunge brannte. Da plötzlich bekam ich die *zweite Luft* (wenn dein Körper die Müdigkeit kurzfristig überwinden kann). Scheinbar ohne Anstrengung ging ich an Martin vorbei und legte sofort einen Meter zwischen uns. Damit hatte Martin nicht gerechnet! Zusätzliches Adrenalin schoss durch meinen Körper, und wie in Trance lief ich die letzten 200 m allein vor dem Feld. Das Zielband riss ich nach 4:38 Minuten.

Aber reichte mein Vorsprung von ca. 8 m, um Martin tatsächlich noch von Platz 1 zu verdrängen?

Ja, es reichte! Knapp war ich mit 5.596 gesammelten Punkten doch noch auf Platz 1 geklettert und durfte mich an diesem Wochenende als *König der Athleten* fühlen! (Eigentlich ist dieses Attribut nur für Weltmeister oder Olympiasieger vorgesehen!)

Ich war im 7. Athletenhimmel, falls es diesen überhaupt gibt. Die Schmerzen, die misslungenen Versuche und alle Anstrengungen waren vergessen.

Zehnkampf: Wer einmal deinen *süß-sauren Leidensweg* bis zum Ende gegangen ist, bleibt tief beglückt zurück! Ein gewisses Maß an Masochismus ist sicher notwendig, um bis zum Finale zu *fighten* und zu leiden!

Viele Jahre später habe ich noch einmal den Versuch unternommen, den *Mord in zehn Raten* über mich ergehen zu lassen, denn wer möchte nicht gern König (der Athleten) sein? Es war wohl ein *Wink von oben*, dass ich mich im Vorfeld verletzt hatte, und so kam es nie zur Durchführung. Wenn ich heute auf die Zeit zurückblicke, dann bin ich verwundert, was ein junger Körper leisten kann, und es kommt mir der etwas melancholische Spruch in den Sinn: Je älter ich werde, desto besser bin ich gewesen!

Was bleibt ist die Erinnerung, die bekanntlich das einzige Paradies ist, aus dem wir nicht vertrieben werden können!

Die Niederschrift dieser Erinnerungen ist zufällig mit einem neuen deutschen Rekord im Zehnkampf zusammengefallen. Am 9. Juni 2023 hat Leo Neugebauer mit 8.836 Punkten den 39 Jahre alten Rekord von Jürgen Hingsen um 4 Punkte verbessert!

In Münster gelang mir ein Sprung über 1,86m

Das Schöne Gesicht

(…)

„Da aber kehrte sein früheres Glück,
Die alte Schraube, wieder zurück.
Sie glänzte übers ganze Gesicht.
Ja, alte Liebe, die rostet nicht!"*

———

*<u>aus:</u> J. Ringelnatz, Ein Nagel saß in einem Stück Holz

Wir sind uns auf dem Wirtschaftsgymnasium begegnet. Alle nannten sie Fritzi oder Rike, aber ich war sofort in ihren richtigen Namen verliebt und habe selten ihren Spitznamen benutzt. Friederike, die sportlich-musikalische, war in ihrer Klasse *Everybody's Darling*. Sie sollte meine große Jugendliebe werden.

Ich war ein schüchterner Schüler, der damals Zehnkampf trainierte, mit den beiden Spezialdisziplinen Hochsprung und Hürdenlauf. Ich hatte in der Liebe wenig Erfahrung. Sicher war das bei Friederike ähnlich. 1975 waren wir beide 18 und auf dem Weg zum Abitur. Sie ging in die 12a, ich in die 12d. Wir hatten uns lange Zeit gar nicht so richtig wahrgenommen. Lediglich im Fach Englisch bestand ein Austausch, um an Informationen für die nächste Klassenarbeit zu kommen.

Immer öfter ertappte ich mich dabei, dass Gedanken an sie in meinem Kopf herumschwirrten und ich mir ausmalte, wie schön es wäre, mit ihr zusammen zu sein. Und dann habe ich mich einfach getraut: Mein bester Kumpel und seine Freundin,

Friederike und ich hockten irgendwann in Friederikes Zimmer beieinander, und nie werde ich meine innere Erregung vergessen, die mich erfasste, als wir plötzlich ganz dicht zusammen lagen. Ohne etwas zu sagen, umarmten wir uns und genossen einfach die Gegenwart des anderen. Unsere Freunde schienen gar nicht mehr existent zu sein! Das entstandene *Feuchtbiotop* war Ausdruck meiner Überwältigung und ich schämte mich kein bisschen dafür.

Es war sicher so, dass meine oben erwähnte Schüchternheit auch etwas mit meinem Aussehen zu tun hatte. Meine viel zu große Nase ließ mich nicht gerade wie *George Clooney* aussehen; eher ähnelte ich mit meinem damaligen *Afrolook Jimi Hendrix*. Aber mein Aussehen schien Friederike nicht zu stören. Ich konnte es nicht glauben, dass wir fortan zusammen waren, und fragte sie später: „Sind wir jetzt wirklich zusammen?"
Sie lachte nur und sagte: „Es sieht ganz danach aus!"
Und jedem Anfang wohnt ein Zauber inne ...

Klingt es albern, wenn ich behaupte, dass sie die blauesten Augen hatte, die ich jemals gesehen habe? Ihre kurzen blonden Haare ließen das Blau noch intensiver erscheinen. Natürlich faszinierte mich alles an ihr, aber ihr Gesicht war ganz besonders. Michelangelo hätte sicher ein Meisterwerk daraus geformt, da bin ich mir sicher! Für mich war ihr Gesicht perfekt und ich war stolz, dass ich diese Klassefrau *gefunden* hatte.

Wie schwer war es danach, in der Schule konzentriert zu arbeiten! Tausend Mal am Tag dachte ich an das schöne Gesicht und malte mir die schillerndsten Liebesgeschichten aus. Ich war auf dem bekannten *Stairway to Heaven*!

Angeblich ist uns in der Jugend der Himmel am nächsten. Und so hätte ich selbst die entferntesten Sterne für sie sofort vom Himmel geholt und vor ihr ausgebreitet. So schön kann Kitsch sein!

Was scherte uns damals die Ölkrise oder das aufkommende Bewusstsein für die Umweltverschmutzung? Wir wandelten in unserem Arkadien, ganz *sans souci* sozusagen. Das Verliebtsein gab mir ungeahnte Vitalität, um alles Mögliche neu auszuprobieren.

Friederike spielte Klavier und durch sie wurde mein Interesse an klassischer Musik geweckt. Plötzlich waren die wiederkehrenden Klassik-Konzerte in unserer Stadt etwas Spannendes und natürlich die Gelegenheit, mehr Zeit mit dem schönen Gesicht zu verbringen.

Beim Tennisspielen konnte ich lange nicht glauben, dass sie mich mit ihrer feinen Technik ein ums andere Mal schlug. Aber sie war die Einzige, die mich mit einem Lächeln besiegen durfte!

Ich erinnere mich noch, wie schwer es mir fiel, mit meinem Fahrrad zurück nach Hause zu fahren – auf dem Gepäckträger meine euphorischen Gefühle verstaut – und bis zum nächsten Tag auf ein Wiedersehen warten zu müssen. Zu sehr genoss ich ihre Gegenwart, ihre Stimme, ihre Ausgelassenheit und natürlich ihr schönes Gesicht, das ich nie verlieren wollte.

Beim Hochsprungtraining waren Höhen von 1,80 m und 1,90 m plötzlich kein Problem mehr. Mein buchstäblicher *Höhenflug* hatte begonnen. Ich wurde im Hochsprung und im Hürdenlauf so gut, dass ich in den sogenannten *C-Kader* nach Berlin eingeladen wurde.

Im Sommer 1975 sprang ich meine jemals erreichte Besthöhe von 1,94 m. Diese Höhe war wahrscheinlich meinem *Liebesadrenalinkick* zu verdanken, aber das ist eine eigene Geschichte...

Natürlich entdeckten wir unsere Sexualität, und es war aufregend, wie wir beide körperlich immer vertrauter wurden. Meine Schüchternheit verschwand und es war neu für mich, in das Denken und Handeln einer Frau einzutauchen. Heute weiß ich, dass dazu Einfühlungsvermögen und Verantwortung gehören; aber die damalige Unbeschwertheit und ungestüme Euphorie waren sicher ein Privileg der Jugend. Wie zu Blumenkinder-Zeiten genossen wir später die Liebe in der freien Natur und ich fühlte mich wie der legendäre *König der Welt!* Als dieser fühlte ich mich auch, wenn sie meine *crazy moments* mit dem Kommentar *„Du alter Spinner"* belächelte! Im englischen gibt es den schönen Ausdruck *„to have bats in the belfry"*, also einen „Dachschaden"/eine „Macke" haben. Manchmal konnte man durch meinen Dachschaden sicher die weiter oben erwähnten Sterne funkeln sehen!

Es war eine ausgelassene, fast schwerelose Zeit, und die Tage gingen scheinbar nie zu Ende. Uns würde nichts jemals trennen, oder?

Als wir beide dann 1977 das Reifezeugnis in unseren Händen hielten, begann eine neue Zeit. Mein schönes Gesicht startete ein Grundschullehramtsstudium an der PH, und ich hatte mich für 2 Jahre bei der Bundeswehr verpflichtet. Jeden Tag erhielt ich von meiner Jugendliebe Post; in der Kompanie war ich bekannt als *der Freund von Friederike*.

Einmal kam sie mich gemeinsam mit meiner Mutter besuchen, und ich war stolz, das schöne Gesicht meinem Zimmerkameraden (dem heute bekannten Sportreporter Norbert König) vorstellen zu dürfen.

Doch irgendwann stimmte etwas nicht mehr. Es begann damit, dass ihre so lieben Alltagsberichte weniger wurden. Und dann passierte es einfach: Sie lernte beim Skilaufen einen Neuen kennen.

Hatten wir uns unmerklich voneinander entfernt? Ja, durch meine Bundeswehrzeit sahen wir uns nur noch alle 10 Tage und ihre Welt war sicher eine andere geworden. Irgendwann erklärte sie mir, dass sie mich zwar noch immer gernhabe, aber dass in unserer Beziehung die *Action* abhandengekommen sei. Und das stimmte sicher auch irgendwie – und irgendwie (für mich) auch nicht …

Als es dann endgültig vorbei war – ich hatte noch einen letzten verzweifelten Versuch unternommen, sie wieder zurückzugewinnen – war ich lange wie betäubt. Da war nur noch Leere und die Welt schien still zu stehen. Ich war nicht wütend, aber in meinem Kopf hämmerte es: Warum ist das passiert? Warum ist sie verschwunden? Warum kommt sie nicht wieder? Meine Tränen haben eine ganze Badewanne gefüllt, und ich zerfloss in Selbstmitleid. Ich erinnere mich noch, dass ich naiv darauf wartete, ihre Schritte wieder zu hören. Das ist natürlich nie passiert. Ich konnte nicht begreifen, dass mein schönes Gesicht nicht mehr bei mir war.

Es waren zwei erlebnisreiche Jahre und ich bin dankbar, dass ich in dieser Zeit mit Friederike *on top of the world* sein durfte. Das schöne Gesicht war meine Friederike Brion (Goethes Geliebte) und wird es immer bleiben!

Wir sind ohne Groll auseinandergegangen, und es ist wunderbar, dass wir bis heute den Kontakt – nach so vielen Jahren – aufrechterhalten haben. Einige WhatsApps enden noch immer mit der Formel DJL (Deine Jugendliebe).

Liebeskummer tut weh; aber offenbar ist er für zahllose Verliebte vorgesehen und gehört zum Leben, wie es so (un)schön heißt!

Cat Stevens hat in seinem Lied *The First Cut Is The Deepest* sehr treffend über empfundenen Liebesschmerz geschrieben. Ich habe seinen Titel für mich umbenannt in *The First LOVE Is The Deepest.*

„IF THERE EVER COMES A DAY
WHEN WE CAN'T BE TOGETHER,
KEEP ME IN YOUR HEART,
I'LL STAY THERE FOREVER"
(A. A. Milne, Winnie the Pooh)

Liverpool calling

„Scouse – or to give it its full title, Lobscouse, is of course a food rather than a dialect; it is the native dish of the Liverpudlian, or Scouser. Scouse is to Liverpool what Bouillabaisse is to Marseilles or the Schnitzel to Vienna (...)" *

---

*<u>aus:</u> Vorwort Lern Yerself Scouse, Vol. 1, Frank Shaw u. a.,Scouse Press Liverpool, 1966, S. 7

Im Frühjahr 1981 hatte ich meine Zwischenprüfung in englischer Linguistik hinter mich gebracht, und nun war es an der Zeit, dem akademischen Treiben für knapp 1 Jahr den Rücken zu kehren! Ich hatte mich für zwei Urlaubssemester als *Full Time Assistant Teacher* im schönen Süden Englands beworben. Doch es sollte anders kommen: Eines Tages hielt ich einen Brief in der Hand, in dem mir mitgeteilt wurde, dass es mich für meine Zeit in England in die „rauhe" (rough) Stadt Liverpool führen sollte. Ich wollte unbedingt auf die Insel, um mein Englisch zu verbessern, also akzeptierte ich Liverpool sofort; wenn auch anfangs mit gemischten Gefühlen.

Ich konnte nicht ahnen, dass mein Liverpool-Abenteuer unvergesslich werden sollte! So ging es Mitte August mit meinem VW Beetle Richtung Nord-England. Zur Gewöhnung an den Linksverkehr hatte ich mir ein Pappschild mit der Aufschrift „LINKS FAHREN!" aufs Armaturenbrett gelegt.

Mrs Noble, die Sekretärin der *Fisher and More High School* in *Widnes*, (etwa 20 Kilometer östlich von Liverpool gelegen) sollte für die nächsten 11 Monate meine Vermieterin sein. Ihr Haus stand in der *Avondale Road,* einer Straße mit wie an einer Perlenschnur aufgezogenen Reihenhäusern, von denen es scherzhaft heißt, dass man sein eigenes Haus nach einer Zechtour im Pub nur durch die unterschiedlichen Haustürfarben wiederfinden könne! Die Straße liegt mitten im Arbeiterviertel von *Toxteth,* in dem es kurz vor meiner Ankunft im Juli einen Aufruhr (*Toxteth Riots*) wegen hoher Arbeitslosigkeit und Kriminalität gegeben hatte, und unweit entfernt von der berühmten *Penny Lane,* wo John Lennon und Paul McCartney aufwuchsen. Ich hatte im *Liverpool Echo* (eine von vielen Tageszeitungen) gelesen, dass das Straßenschild immer mal wieder gestohlen wird.

Mrs Noble war eine alleinstehende Dame, die außer mir noch einen *französischen Assistant* namens *François* beherbergte. Sie hatte in der Schule ein wenig Deutsch gelernt, aber ich habe ihr selten den Gefallen getan, in Deutsch mit ihr zu reden.

Ihr Reihenhaus war hübsch eingerichtet und mit dem obligatorischen Kamin *(fireplace)* im Wohnraum sehr *cosy.* Die kleine Küche war zweckdienlich und oft Treffpunkt für Plaudereien aller Art!

Ich erinnere mich, dass der Hinterhof wie eine Kulisse aus einem Kriminalfilm anmutete; dunkel, eng, und der graue Beton ließ keinen Platz für Blumen oder andere Pflanzen; all dies störte mich aber keineswegs, denn irgendwie passte es in die „Gesamtszenerie" und ich fühlte mich schnell wohl!

Jeden Morgen kam der *milkman* und stellte eine Glasflasche mit frischer Milch auf die Schwelle. Heute soll es noch ca. 5000 *milkwomen/-men* geben. Es ist eine so liebenswerte Tradition auf der Insel, die bitte nicht aussterben darf!

Bald stellte ich fest, dass mir vermeintlich „englische Eigenheiten" immer vertrauter wurden und ich sie spannend und interessant fand. Der bekannte Satz, dass man fern der Heimat „über den Tellerrand schauen" kann, wurde erlebte Erfahrung.

Am 1. September startete ich als Deutschlehrer. Neben der *Fisher and More High School* sollte ich an der benachbarten *St. Joseph's High School* in *Widnes* unterrichten. Beide Schulen waren ca. eine halbe Stunde mit dem Auto von Liverpool entfernt. Manchmal nahm mich Mrs Noble mit und wir unterhielten uns angeregt über die Geschichte Liverpools.

Deshalb möchte ich an dieser Stelle gern ein paar *facts* über die spannende Stadt Liverpool weitergeben:

Als Hafenstadt war Liverpool – ähnlich wie Hamburg – immer das Tor zur weiten Welt für Waren aller Art und für Menschen, die z. B. in Amerika ihr Glück suchen wollten oder mussten. Der maritime Geist durchzieht bis heute diese aufregende Stadt. Anfang der 1980er Jahre war das gesamte Hafenviertel ziemlich heruntergekommen. Während meiner Erkundungstouren zog es mich aber immer wieder ins Hafengebiet, welches damals einen morbiden Charme ausstrahlte. Angeblich war es nicht ganz ungefährlich, dort touristische Entdeckungen machen zu wollen. Ich habe jedoch zu keiner Zeit schlimme Begegnungen mit *dunklen Gestalten* gehabt!

Umso kolossaler erschien mir die Wandlung, als ich genau 30 Jahre später, im Jahr 2011, das neu geschaffene und restaurierte Areal wiedersah. Die *Liverpool Waterfront*, die sich nun wahrlich so nennen durfte, der *Pier Head*, natürlich das *Royal Albert Dock* und das *Merseyside Maritime Museum* hatten sich vom hässlichen Entlein in einen schönen Schwan verwandelt!

Von dieser Verwandlung könnte sich die Nachbarstadt Manchester eine Scheibe abschneiden. Jedenfalls kann ich Ihnen nur wärmstens einen Besuch in der *Metropolregion Merseyside*, wie Liverpool heute genannt wird, empfehlen (*Mersey* ist der Name des Flusses, an dem Liverpool liegt).

Na klar, die Seefahrerstadt Liverpool ist ohne die *Fab Four (Beatles)* und den Fußball kaum denkbar! Musikfans werden sicher das Beatles-Museum besuchen, die *Beatles-Magical-Mystery-Bustour* buchen oder die Wiege der britischen Rockmusik, den *Cavern Club*, besichtigen.

Wer gern alles zusammen auf einen einen Blick haben möchte, der sollte sich auf das *Royal Liver Building* begeben und die 360-Grad-Turm-Tour buchen. Die beiden *Liver Birds* sind das Wahrzeichen dieser pulsierenden Stadt. Zum Shoppen empfehle ich das *Liverpool ONE*, das es Anfang der 1980er Jahre noch nicht gab.

Liverpool hat zwei Kathedralen und zwei Fußball-Vereine. „We want the Reds!", hallt es bei *Local Matches* im *Goodison Park*, wo *Everton* (ein Stadtteil von Liverpool) – genannt die *Blues* – seine Heimspiele austrägt. Die *Reds* sind natürlich der FC Liverpool mit dem deutschen Trainer *Jürgen Klopp*. Kloppo, wie er liebevoll genannt wird, gelang es, in der Saison 2019/20 nach 30 Jahren wieder englischer Meister zu werden. Die Euphorie in dieser fußballverrückten Stadt kannte keine Grenzen und *Anfield* (Stadion des FC Liverpool) und seine Umgebung schienen zu explodieren.

Es war ein einmaliges Erlebnis, im *Anfield-Stadion* das Lokalderby Liverpool gegen Everton live mitzuerleben. Noch heute bekomme ich Gänsehaut, wenn ich an die Atmosphäre denke, als die wohl bekannteste englische Fußball-Hymne (sie ist gleichzeitig die Hymne des FC Liverpool) angestimmt wurde:

You'll Never Walk Alone*

„ When you walk through a storm,

hold your head up high.

(...) there's a golden sky

and the sweet, silver song of a lark.

Walk on through the wind,

walk on through the rain

(...)

Walk on, walk on

With hope in your heart and you'll never walk alone.

(...) "

Mein Freund Tommy war und ist eingefleischter Everton-Fan und so war es nicht ganz einfach, im *feindlichen Umfeld* die blauen Schals – zwischen all den roten Schals – hochzuhalten. Ähnlich wie in Deutschland heißt es bei strittigen Entscheidungen des Schiedsrichters: „We want the ref!" (bei uns heißt das wohl: „Schiri, wir wissen, wo dein Auto steht!").

Was ich damals schnell wahrnahm, war der *quicke* Humor der *Liverpudlians*, wie sie sich stolz selber bezeichnen. Der berühmte *sense of humour* ist in dieser Stadt sehr ausgeprägt und wichtig!

---

*<u>Auszug:</u> „ You'll Never Walk Alone", G. and the Pacemakers

Wenn du Sinn für Humor hast, bist du anerkannt, egal was du hast, bist oder kannst.

In dieser offenen, rauhen und herzlichen Stadt spricht man *Scouse.* Dieser Dialekt (*Cockney* in London ist sicher bekannter) wurde zum *sexiestes accent* auf der Insel gewählt. Bis heute verwende ich das Wort „Ta'ra" für „Auf Wiedersehen". *Scouse* entwickelte sich aus der irischen und walisischen Sprache und ist selbst für viele Engländer schwer zu verstehen.

Sicher haben Sie schon öfter gehört, dass die *Pubkultur* auf der britischen Insel legendär ist. Und das stimmt wirklich! Anders als bei uns, setzt man sich nicht separat an einen Kneipentisch, sondern sucht den Kontakt mit anderen Gästen. Mein absolutes Lieblings-Pub ist das *The Philharmonic Dining Rooms,* kurz *The Phil* genannt, in der Hope Street 36. Bitte nicht mit dem *Royal Liverpool Philharmonic Orchestra* verwechseln, das unweit vom *Phil* angesiedelt ist. *The Philharmonic* ist für mich der Inbegriff britischer Pubkultur. Hier laufen die *Pints* (großes Bier) wie von allein. Es wäre interessant, über die zahlreichen, sehr schmackhaften Biere zu referieren, doch führte das hier zu weit. Es sei nur so viel angemerkt: Die *Ales, Drafts* (Fassbiere) und das berühmte irische Bier *Guinness* (soll gut für schwangere Frauen sein!) muss man probieren. Eine typisch englische Marotte ist mir im Gedächtnis geblieben: Auf einer (Kreide)Tafel wurde jeden Abend notiert, wie viele Pints an diesem Tag *gelaufen* waren! Erwähnt sei noch, dass *The Phil* Herrentoiletten beherbergt, die vom weiblichen Geschlecht besichtigt werden dürfen! Die mit Rosenmuster versehenen Marmor-Urinale sind etwas Besonderes und landesweit bekannt.

Was isst man in Liverpool (abgesehen vom Labskaus, siehe Einführungstext)? Ich greife drei Gerichte heraus, die ich als typisch bezeichnen möchte: Zum einen *Toad in the hole,* das ist Bratwurst im Eierteig (ähnlich wie beim *Yorkshire-Pudding*); zum anderen *Shepherd's Pie*, das ist Hackfleisch, Erbsen, Möhren und cremiger Kartoffelbrei überbacken mit Cheddar-Käse (meine *second mum Dorothy* hat ihn oft für mich gemacht). Die berühmten *Fish and Chips* (*with salt and vinegar, please!*), als drittes Gericht, sind (meistens) frittierter Kabeljau mit Kartoffelspalten (*chips*). Sie werden gewürzt mit Salz und einem Spritzer Essig - und dann aus der (Zeitungs)Tüte gegessen. *Enjoy your meal!* Im Übrigen kann ich Ihnen nur empfehlen, in *Pubs* essen zu gehen, hier bekommen Sie köstliche und frisch zubereitete Gerichte, die viel besser sind als ihr Ruf!

Doch nun zurück zu meinem Job als *Assistant Teacher*: Als Englischstudent, der im Zweitfach n i c h t Germanistik studierte, hatte ich keine Ahnung, wie man englischen Schulkindern Deutsch beibringt.

Natürlich hatte ich mir im Vorfeld Gedanken gemacht, welche deutschen Autoren für Teenager interessant sein könnten. Genug Lesestoff aus diversen Schullesebüchern waren in meinem Gepäck, und ich hatte auch die Schulbibliotheken der beiden *High Schools* durchstöbert. Die Literatur war nicht wirklich das Problem. Viel brisanter war es, die deutsche Grammatik mit ihren ehernen Gesetzen bis ins Kleinste erklären zu müssen. Als *Native Speaker* lernst du deine Muttersprache intuitiv und nicht über die Reflexion jeder einzelnen Sprachregel. So saß ich oft während meiner Vorbereitung und lernte unfreiwillig eine Menge über deutsche Grammatik.

Meine Tätigkeit wurde übrigens mit 200 Pfund Sterling entlohnt, was damals ca. 900 DM entsprach.

„Meine Kids" waren zwischen 11 und 16 Jahre alt und an beiden Schulen waren die Lerngruppen nicht größer als 15 Schüler. Was für ein Lernluxus, von dem Schulen in Deutschland heute nur träumen können! Wie auch später in meinem Berufsleben als Schulberater hatte ich keine Schwierigkeiten, auf die quirligen, aber disziplinierten Schüler zuzugehen.

Bald hieß ich nur noch *Big Al*. Diesen Spitznamen bekam ich auf einem Klassenausflug nach Wales, als es an einem Berghang zum *abseiling* (das Wort ist aus dem deutschen übernommen worden!) kam. *Big Al* hat die ängstlichen Kinder beruhigt und ihnen Tipps für ein persönliches Erfolgserlebnis gegeben. Diese Mutprobe ist bis heute (!?) an englischen Schulen eine beliebte Heranführung an die Natur und ich kann mich erinnern, dass *abseiling* sogar im englischen Lehrplan verankert war.

An der *St. Joseph's High School* unterrichtete ich u. a. Maria und William (William schickt mir bis heute seine brillanten englischen Gedichte), die mich bald zu sich nach Hause einluden. *Dorothy und Edmond Scriven*, ihre Eltern, hatten vor geraumer Zeit einen *German Circle* eingerichtet, zu dem traditionell der gegenwärtige *Assistant* eingeladen wurde. Ich schlug zwei Fliegen mit einer Klappe: Ich konnte mein soziales Umfeld erweitern, über Deutschland plaudern und im Anschluss an den Deutschabend (*the German evening)* sehr viel Englisch sprechen. Vor allem Dorothy, die ich später als meine *zweite Mutter* (siehe weiter oben) bezeichnete, korrigierte meine sprachlichen

Fehltritte mit freundlicher und unermüdlicher Eindringlichkeit. Dafür bin ich ihr bis heute dankbar! Oft wurde es spät, und die *Scriven's* ließen mich ohne Umstände bei sich übernachten.

Exkurs: 2011 besuchten meine Frau Anke und ich für eine Woche den Ort meiner *wilden Liverpooler Zeit.* Was für ein Wiedersehen mit meiner *second mom!* Heute ist Dorothy 89 Jahre alt und wir schreiben uns jedes Jahr zu Weihnachten eine ausführliche E-mail und manchmal füge ich ein (englisches) Gedicht hinzu. GOD bless you, Dorothy!

Auch Dank der mütterlichen Fürsorge von Dorothy hatte ich mich wunderbar in Liverpool und Widnes eingelebt. *Devon* und *Surrey,* meine *Wunsch-Counties,* waren da schon längst vergessen!

Homesickness gab es selten, aber dennoch freute ich mich riesig, als im Frühjahr 1982 meine Eltern, meine zwei Schwestern und mein Schwager in einem VW-Golf zu Besuch anreisten. Bei ihrer Ankunft staunte ich nicht schlecht, als *fünf* Personen leibhaftig vor mir standen. Glauben Sie mir, es wurde noch enger, als wir zu sechst (!) einen Ausflug in den wunderschönen *Lake District* unternahmen. Hoffentlich ist unter Ihnen kein Polizist, der diese Zeilen liest!

Es war schön, alle meine Lieben wiederzusehen, aber ich merkte, dass besonders meine Mutter zunehmend irritiert dreinschaute und irgendwann feststellte, wie anders alles in England sei – aber das steht auf einem anderen Blatt.

Über einen Kontakt des Sportlehrers an der *Fisher and More High School* hatte ich mich einem Leichtathletikverein im Norden von Liverpool angeschlossen. Interessant war, dass es *Team-*

Wettbewerbe gab, bei denen alle Konkurrenten eine bis drei Disziplinen anmelden konnten, um für die eigene Mannschaft Punkte zu sammeln. Sie ahnen schon, dass ich im Hochsprung und im Hürdenlauf (einmal auch im Speerwerfen) antreten durfte (siehe *Zehnkampferinnerungen*). Ich merkte beim Trainieren bald: Sport ist Sport, und Sprache ist Sprache. Beides zusammen zu koordinieren funktionierte nicht, und es war schwierig, Anweisungen des irischen Trainers sofort umzusetzen. Die „Sprachbarriere" war in diesen Situationen spürbar.

Ansonsten machte es riesigen Spaß, täglich neue Vokabeln und *Idioms* zu lernen. Neben Dorothy nahm sich ein Lehrer namens *Arthur Turner* meines Sprachtrainings an. Arthur war nicht nur sprachsensibel, sondern konnte vor allem wunderbar malen und zeichnen. So wie sein berühmter Namensvetter *William Turner*, der englische Landschaftsmaler. Arthur hatte wohl einen *Narren an mir gefressen* und später ein gezeichnetes Porträt von mir angefertigt, das ich bis heute „in Ehren halte"!

Es würde hier zu weit führen, wenn ich Ihnen all meine zahlreichen Sprachkapriolen zum Besten gäbe. Zwei Beispiele seien aber stellvertretend aufgeführt: *Auf den Hintern fallen* – bei Glatteis – heißt im englischen *to go arse over tip*. Ich wiederholte die Redewendung und heraus kam *I went tip over arse!* Meine damalige englische Freundin, mit dem klangvollen Namen *Pamela Golding* (übrigens nicht verwandt mit *William Golding, Lord of the Flies*), konnte sich kaum beruhigen. Immerhin hatte ich mich aber während meines Liverpool-Aufenthalts so in die englische Sprache vertieft, dass ich zwei- oder dreimal auf Englisch geträumt habe.

Und noch ein zweites Beispiel möchte ich Ihnen nicht vorenthalten. Es zeigt, dass es zu Irritationen kommen kann, wenn man sich nicht traut, eine unbekannte Vokabel nachzufragen. Gegen Ende meines Jahres als *Assistant Teacher* wurde ich gefragt, ob ich England *for good* (also für immer) verlassen würde. Damals dachte ich *for good* hieße *im Guten* und antwortete kurzerhand: „Yes, I do!" An der betretenen, nahezu beleidigten Reaktion merkte ich sofort, dass ich die Bedeutung von *for good* völlig falsch übersetzt hatte. Sie können sich denken, dass mir die Schamesröte beim Nachschlagen im *Dictionary* ins Gesicht stieg! Ich habe mir danach geschworen, bei Unklarheiten lieber zweimal nachzufragen.

Meine Unterrichtszeit endete im Juli 1982, und ich musste schweren Herzens *Goodbye* zu sagen.

Die *St. Joseph's High School* hatte mir zu Ehren eine Abschiedsdisco organisiert und ein Plakat entworfen, auf dem alle einen kurzen *Farewell-Gruß* hinterließen. Stellvertretend habe ich einen Spruch herausgegriffen, der mir besonders gut gefällt:

„Best wishes, Big Al!
Here's to us, and those that are like us:
Good People are Awful Scarce!"

So wie Dorothy meine *zweite Mutter* geworden ist, so wurde Liverpool zu meiner *zweiten Heimatstadt!*

Ta'ra well and take care you „luvly" Liverpudlians and Scousers!

Die Gymnastikkür

„Es ist nichts scheißer als Platz zwei. " *
(Eric Meijer, niederländischer Fußballspieler)

———

**aus:* *Die Zeit 23/1997, 29. Mai 1997*

Die folgende Schilderung ist die Erinnerung an eine Gymnastikkür vor Publikum innerhalb meines Sportstudiums

Als Leichtathlet konnte ich mir schwer vorstellen, als „filigrane Elfe" über das Parkett zu schweben. Darüber hinaus mussten Musik und Choreographie selber ausgearbeitet und in elegante Bewegungen umgesetzt werden; so war die Anspannung vor dem Start immens!

Mit klopfendem Herzen, das rote Band in der Hand, beginnt die Musik zu unserer Gymnastikkür.

Wir stehen uns gegenüber, zwei Körper wiegen sich hin und her, das rote Band bildet einen Halbbogen über uns; die freie, ausgestreckte Hand greift das Ende des fließenden Seidenstoffs.

Im festen Rhythmus wirbeln zufällige Phantasiegebilde durch den Raum. Wir kreisen die Arme, das flatternde Band gleitet durch unsere Hände, und wir streben auseinander. Aus der Ferne treffen sich unsere Blicke für einen kurzen Moment.

Anfangs leisere Töne gehen über in nun schnellere, lautere Klänge; die Kür verlangt in jeder Sekunde fließende Bewegungen und kontrollierte Eleganz.

Über uns formen sich rote Serpentinen, sie erneuern sich ständig. Immer wieder laufen sie aus. Schwingen – Rhythmus –

runde, weiche Bewegungen, das ist es was zählt! Das Seidenband strafft sich zu einem Riesenrad, weitere schließen sich an, immer rund und rund und nur nicht verhaken!

Für Momente schweben wir scheinbar im Raum, Körper und Riesenräder bewegen sich aufeinander zu, als ob sie kurz verschmelzen wollen, aber unsere Choreographie treibt sie unweigerlich wieder auseinander. Eine neue, schwungvoll-rhythmische Bewegung schließt sich an!

Immer größer wird die Spannung und das Seidenband fließt in Achterfiguren um uns herum. In drei Schritten springen wir aufeinander zu, und unsere Körper drehen sich um 360 Grad, um dann sofort wieder auseinander zu streben.

In einem Halbbogen, diesmal Spiralgebilde hinter uns herziehend, kommen wir erneut zusammen. Die Musik wird noch schneller, intensiver! Einem Feuerschweif gleich zischt mein Band durch die Luft, und DU hast ihn gesehen und ihn aufgefangen, es ist, als besäßest du nun einen Teil von mir. Dies war unser schwierigstes Element, und es ist geglückt!

Ich erfasse deine Hand und du ziehst einen imaginären Kreis um uns herum. Er bildet eine unsichtbare Mauer und in der Mitte sind nur du und ich. Mit ausgebreiteten Armen knien wir auf dem Boden. Ein letztes Mal bilden sie einen Halbbogen, der dann final zusammensinkt. Wir sehen uns an und liegen uns in den Armen. Unsere Gymnastikkür, zum Musikstück *Music was my first Love* von *John Miles*, ist zu Ende.

Die Sportstudenten applaudieren und wir sind glücklich, denn wir haben tatsächlich die beste Punktzahl von allen Gymnastikpaaren erhalten!

Superlearning

Der folgende Text wurde im Wochenblatt „Fulda aktuell" am 29.05.1988 veröffentlicht. Ich habe ihn während meiner Tätigkeit als Englischlehrer an der privaten Sprachschule DIDACTA in Fulda verfasst. Damals war die Methode des Superlearnings etwas Neues. Sie stützt sich auf die „Suggestopädie" des Bulgaren Georgi Losanow. Der Artikel wurde ein wenig gekürzt (...) und der neuen Rechtschreibung angepasst.

(...) Sprachen: „Vorgewärmt" geht es besser.

Eine oder gar mehrere Fremdsprachen zu beherrschen, ist ersehntes Ziel vieler Sprachinteressierter. Englisch, Französisch, Spanisch oder Italienisch wird mit gutem Vorsatz und festem Willen ins Freizeitprogramm aufgenommen. Aber dann (...), ja dann bleibt man stecken, im doppelten Sinn. Lustlos (...) wird der Kurs abgebrochen; mühsam Erlerntes verblasst wieder und fällt durchs *Gehirngitter*.

Es scheint angesichts solcher oft anzutreffenden Spracherfahrungen lohnend, über neue Ansätze beim Sprachenlernen zu sprechen und sie bekannt zu machen, meint A. Hansch: „Als Englischlehrer (...) habe ich aufschlussreiche Erfahrungen in Bezug auf effektiveres Fremdsprachenlernen sammeln können. Die sogenannte Superlearning-Methode zeigt neue Aspekte (...). Ich möchte an dieser Stelle lediglich einen sowohl für den Lernenden als auch für den Lehrenden entscheidenden Aspekt herausgreifen: Ich bezeichne ihn als *Vorwärmmethode*. Alle traditionellen Sprachlernmethoden bemühen sich redlich, über Rollenspiele, Dialoge und vieles andere mehr die Sprache zu vermitteln. Der Lehrende füttert den Lernenden zunächst mit Unbekanntem, quasi vom Tabula-rasa-Zustand zum Sprachgenie. Aber das klappt meistens nicht. Nach einer gewissen Zeit ist der lernwillige Sprachschüler überfüttert und gibt auf.

Was ist in diesem Hinblick beim Superlearning anders? Ganz prägnant gesagt: Die *Vorwärmmethode!* Sie lernen zunächst dabei für sich selbst eine Lektion per Kassette (…). Die Kassette können Sie so oft wie möglich und nötig anhören und gehen dann *vorgewärmt,* d. h. mit Vorwissen, in den (…) Unterricht. Die Lektion, die Sie über Ihr Gehör schon aufgenommen haben, wird nun im sogenannten Aktivierungsunterricht mit dem Lehrer aufgewärmt und lebendig gemacht. Natürlich verwendet die Superlearning-Methode auch – ja sogar besonders – Rollenspiele und Dialogszenen! Der entscheidende Unterschied ist der, dass das verwendete Wortmaterial dem Lernenden bereits vertraut ist. *Vorwärmen* bedeutet also das vorherige *passive* Aufnehmen von Sprachinformationen, die dann (…) *aktiv* angewandt werden.

Es ist bekannt: Unbekanntes macht uns Angst; Vertrautes dagegen macht uns (sprach)offener. Besonders beim Fremdsprachenlernen sind Offenheit und Bereitschaft unerlässlich für den Erfolg."

Cusco – ein allzu kurzes Hundeleben

„Labrador Retriever sind gutmütige und freundliche Hunde. Jegliche Art von Schärfe, Aggressivität oder unangebrachte Scheu gegenüber Menschen sind dem rassetypischen Labrador fern.“*

————

**aus:* Wikipedia *„Labrador"*

Mein Name ist *Cusco,* ich bin ein grauer Labradorrüde und mit weiteren 13(!) Geschwistern aufgewachsen. Jeden Tag tobte ich ausgelassen mit meinen Kumpels und meiner sehr ausgemergelten Mutter auf der großen Wiese am Zeuthener See in Brandenburg herum.

Im Juli 2021 sah ich zum ersten Mal meine zukünftige Familie. Offenbar bin ich meinem Herrchen, Moritz, sofort aufgefallen. Liebevoll nahm er mich auf den Arm und beobachtete mich aufmerksam bei all meinen Tollereien und Kennenlernspielen. Moritz hatte sich für mich entschieden, weil ich sehr lebendig und *frecher* war als meine Geschwister. Ein paar Tage später war es Zeit, Abschied von meiner Mutter und meinem Rudel zu nehmen.

Moritz (32) und seine Eltern holten mich ab. Natürlich war ich anfangs noch ängstlich und verwirrt. Wie würde mein neues Zuhause aussehen? Auf der Fahrt dorthin bin ich aber schnell auf Moritz' Schoß eingeschlafen. Ich habe gespürt, dass mein neues Herrchen einen echten Hundeverstand hatte und immer auf mich aufpassen würde!

Kaum angekommen, fühlte ich mich direkt wohl auf dem

dicken Teppich. Ich war sofort der Star, mit dem jede/r spielen wollte. Mir war's recht und ich ahnte, dass ich hier eine behütete Hundezukunft haben würde.

In den nächsten drei Wochen waren Moritz und ich allein in meinem neuen Zuhause. Er hatte mich Cusco getauft, (nach einer peruanischen Stadt) und ich hörte nun über den Tag verteilt sehr häufig meinen Namen. Mein Herrchen hatte sehr viel Geduld mit mir, gab es doch so viel in der Wohnung und hinten auf der Wiese zu entdecken. Immer wieder beschäftigte er mich mit neuen Spielen und Impulsen und ich hatte großen Spaß am Erlernen neuer Befehle und Verhaltensweisen. Wir beide waren ein echtes Team!

In der Hundeschule war ich ein Musterschüler, weil ich aufmerksam auf mein Herrchen hörte und immer wieder zu ihm kam, wenn er mich rief.

Sicher ist es bei Hundeliebhabern bekannt, dass Labradore sehr familiär sind und dazu (unglücklicherweise) alles fressen, was gut riechend in die Nase steigt. *Leckerlis* wie Apfel- und Gurkenstücke, Käsewürfel und natürlich die trocken-gepressten Pellets konnte ich den lieben langen Tag in mich hinein futtern.

Wie sehr liebte ich die Abendstunden, wenn meine Familie zusammen war und ich mich bei einem von ihnen auf einer Decke zwischen die Beine legen konnte. Ich wurde gekrault und regelmäßig schlief ich dabei ein.

Natürlich hatte ich auch mein *Brainfuck*; so jedenfalls nannte Moritz mein Verhalten, wenn ich versuchte, meinen eigenen Schwanz zu erhaschen oder aufs Sofa zu springen, was für mich tabu war! Laut bellend wollte ich meinen Willen durchsetzen. Ich glaube, ihr Menschen sagt wohl *meine fünf Minuten haben*.

Bald erweiterte sich mein Erkundungsradius und ich war stolz, längere Gassi-Gänge an der orange-leuchtenden Hundeleine zu unternehmen.

Ich hatte das beste Herrchen der Welt, weil er mir interessante Suchspiele im Wald beibrachte, immer aufmerksam war, und ich spürte, dass wir eine besondere Beziehung zueinander hatten. Meine kleine Zunge war ständig in seinem Gesicht und er nahm es mit Vergnügen hin. Oft habe ich bei unseren Neckereien kleine Schrammen hinterlassen, die er mir aber nie *krummnahm*.

Ich war immer ein schlanker Labrador, was daran lag, dass mein Herrchen mir ganz akribisch meine Fressrationen zuteilte. Wie gern hätte ich immer die doppelte Portion verdrückt, aber es war sicher besser, kein übergewichtiger *Labbi-Welpe* zu werden.

Überall, wo wir auftauchten, war ich besonders bei Kindern der *Hingucker*. Geduldig ließ ich alles Streicheln, Spielen und Necken über mich ergehen. Mein Lieblingsspiel daheim auf der Wiese war, die Schlappen meiner Familie zu schnappen und damit durch den Garten zu rennen. Ich genoss die Fangspiele und selten war ich der Verlierer. Beim Essen kapierte ich schnell, dass es vom Tisch der Menschen keine *Leckerlis*, die ich sonst so oft bekam, zu holen gab.

Es war Anfang Oktober geworden, ich war nun knapp 5 Monate alt, und ich fühlte mich als Labrador *pudelwohl* in meiner Familie. Ich hatte so viel gelernt und mein Hundeleben hätte nicht besser sein können!

Bis ich… am 4. Oktober mit Moritz und seinem Vater von einem Spaziergang zurückkam und auf der nahegelegenen Wiese schräg vor meinem Zuhause einen Pantherpilz entdeckte! Beide versuchten noch, mich am Fressen dieses stark giftigen Pilzes zu hindern, aber meine Spiel- und Fresslust siegte.

Keiner konnte ahnen, was der Giftpilz *anstellen* sollte...

Am Abend zitterte mein kleiner Hundekörper und ich musste ins Hundekrankenhaus. Meine Schmerzen nahmen zu, aber ich spürte immer, dass meine besorgte und verzweifelte Familie bei mir war! Alles Ringen um Rettung war leider vergeblich.

Ich bin am 06. Oktober 2021 gestorben, weil das Pilzgift meine Leber und weitere Organe irreparabel angegriffen hatte.

Nun bin ich im Hundehimmel und sehe meine Familie von hier oben. Wie traurig war ich, jeden von ihnen lange Zeit wie gelähmt zu erleben! Ich hörte sie sagen: „Wir haben ein Familienmitglied verloren! Warum nur hat unser geliebter Cusco einen giftigen Pilz gefressen?!"

Moritz, dessen „großer" Freund und psychologische Stütze ich geworden war, versank in tiefen Schuldgefühlen und war untröstlich. Mir zerriss es das Hundeherz, ihn so leiden zu sehen. Wie sehr wünschte ich mir, ihm zurufen zu können: „Moritz, es war nicht deine Schuld, dass ich nur so kurze Zeit bei dir bleiben durfte! Du warst der beste *Hundevater*, den ich mir vorstellen kann."

Danke für die intensiven 3 Monate! Gern hätte ich noch unzählige Abenteuer mit euch und vor allem mit Moritz erlebt!

Cusco, ca. 3 Monate alt, in unserem Garten

Der Schulberater – ein Menschenkenner

Erinnern Sie sich noch,
wie Ihre Fibel in der 1. Klasse hieß?
Schulbücher sind Kulturgüter
und trotz IT und Internet
haben sie in der *Lernwelt Schule*
noch immer ihren festen Platz!

Schulberater, ist das ein Beruf?
Wenn ja, was macht man da?
Ich war über 32 Jahre Schulberater,
vor allem an Grundschulen in Berlin,
und habe Schulbücher, u. a. den bekannten
Schulatlas *Diercke Weltatlas* und in den
letzten Jahren auch *digitale Produkte,* verkauft!

Wer nicht lächeln kann,
soll kein Geschäft eröffnen!
Dieses chinesische Sprichwort
gilt sicher für alle Verkäufer.

Als Schulbuchberater und -verkäufer
solltest du freundlich und verbindlich *rüberkommen!*
Zugegeben, das finale Ziel eines Schulberaters ist es,
Schulbücher zu *verkaufen!*

Was aber kommt vor dem Verkauf?
Wie der Name verrät: Beratung!
Was ist wichtig für einen Berater?
Zuallererst musst du dein Gegenüber
gut einschätzen können!
Zuverlässigkeit und Vertrauen sind unerlässlich,
gut zuhören können und Lösungen aufzeigen ebenso.
So schaffst du Bindungen, die für eine langfristige
Zusammenarbeit Gold wert sind!
Bei *Buchvorstellungen* in einer *Fachkonferenz*
kannst du eindrücklich deine Kompetenz
an die Lehrer weitergeben, die dankbar
für Tipps und *neue Wege* sind.

Zeige dich großzügig, wenn die Schule
gern mit deinem Verlag arbeitet.
Hilfreich ist es, wenn du dich als *Dienstleister* verstehst,
der den Schulen alles rund ums Schulbuch *serviert*.

Natürlich gibt es sie: die *Schnorrer* und die *Nimmersatten*,
denen du auch mal die rote Karte zeigen musst … und darfst!

Was also sollte ein Schulberater schlussendlich *mitbringen*?
Er sollte gern mit Menschen *umgehen*, authentisch sein
und Einfühlungsvermögen besitzen!

Kurz: *Der Schulberater sollte ein Menschenkenner sein!*

Natürlich, Brandenburg!

„Märkische Heide, märkischer Sand,
sind des Märkers Freude, sind sein Heimatland.
Steige hoch, du roter Adler,
hoch über Sumpf und Sand,
hoch über dunkle Kiefernwälder!
Heil dir mein Brandenburger Land!"
(inoffizielle Landeshymne Brandenburgs)

Als Ost-Westfälin und als Niedersachse leben wir seit 1995, also seit nunmehr 28 Jahren, im südlichen *Speckgürtel* von Berlin. Uns hat es aufgrund meines Berufs ins „Märkische" verschlagen und wir leben bis heute sehr gern hier.

Die heutige sogenannte *Metropolregion Berlin-Brandenburg* hat mit ganz Berlin und dem unmittelbar angrenzenden Brandenburger Umland (Speckgürtel) 4,7 Mio. Einwohner. Auffällig ist, dass 8 von 14 Landkreisen (und Potsdam) direkt an Berlin grenzen. Leider hat Brandenburg einer geplanten Fusion beider Länder 1996 nicht zugestimmt. Ein zweiter Volksentscheid ist noch nicht geplant.

Als „Streusandbüchse" wird die *Mark Brandenburg* noch heute spöttisch bezeichnet. Das Kernland des Königreichs Preußen und der Hohenzollern-Dynastie hat eine bewegte **Geschichte**, denn vom Boden des heutigen Brandenburgs gingen u. a. die 3 Schlesischen Kriege aus, die die schillerndste Figur der Hohenzollern, *Friedrich II*, genannt *der Große* oder volkstümlich *der Alte Fritz*, entfesselte. Seine Schnupftabakdose soll ihm im *Siebenjährigen Krieg* das Leben gerettet haben, als eine Kugel in seiner Tabakdose stecken blieb! Sage noch einer, Tabak sei tödlich!

Friedrich der Große war eine faszinierend zwiespältige Persönlichkeit, die sich sowohl feingeistig (Flötenspiel, Freundschaft mit *Voltaire*) als auch militärisch (Eroberungskriege) hervortat. Von ihm stammen die großartigen Anschauungen „Ich will der erste Diener meines Staates sein" und „Jeder soll nach seiner Fasson selig werden".

Der Alte Fritz war es schließlich auch, der den Brandenburgern die Kartoffel schmackhaft machte. Noch heute finden Sie auf dem Grab von Friedrich dem Großen immer ein paar Kartoffeln als Erinnerung daran.

Brandenburg durchlebte in seiner Geschichte zahlreiche *Häutungen*. So wurde aus der *Mark Brandenburg* im Mittelalter die *Provinz Brandenburg*. Nach dem 2. Weltkrieg wurde aus der Provinz erstmals das *Land Brandenburg*. Zu DDR-Zeiten wurde das Land in die Bezirke Potsdam, Cottbus und Frankfurt/Oder aufgeteilt.

Nach dem Mauerfall wurde es 1990 schließlich zum *Bundesland Brandenburg*.

Geographisch ist Brandenburg durch die letzte *Eiszeit* geprägt worden und hat mit rund 3000 Seen ein beeindruckendes Zeitzeugnis hinterlassen, das es heute touristisch auszunutzen gilt.

Brandenburg ist eines der waldreichsten Bundesländer. Die überwiegend aus Kiefern bestehenden Wälder bedecken ca. 37 % der gesamten Landesfläche. Der *Kutschenberg* (201 m) an der sächsischen Grenze ist die höchste Erhebung im *Flächenland*

Brandenburg, das zudem mit ca. 84 Personen pro Quadratkilometer sehr dünn besiedelt ist. Die 2,6 Mio. Brandenburger haben im mit 29.600 Quadratkilometern fünftgrößten Bundesland in Deutschland also sehr viel Platz.

Trotz seiner vielen Seen zählt Brandenburg (wahrscheinlich hinter Sachsen-Anhalt) zu den niederschlagsärmsten Bundesländern in Deutschland. Seine überwiegend sandigen Böden lassen das Wasser sehr schnell versickern oder schlimmer noch: Nach langen Trockenperioden kann das Wasser nicht mehr in den Boden eindringen und verdunstet einfach! Zukunftsanalysen lassen befürchten, dass Brandenburg arides (Wüstenklima) Klima droht und zur *Steppe* wird.

Industriell ist Brandenburg vergleichsweise unterentwickelt. Seit der „Wende" hat man viele Versuche gestartet, um namhafte Unternehmen ins Land zu holen. Anders als in Sachsen, hat Brandenburg viel *Lehrgeld* bei diversen Ansiedlungen zahlen müssen! *Cargolifter*, mit der bis dato größten freitragenden Luftschiffhalle der Welt, (heute *Tropical Islands*) ist als Industrieunternehmen für Lastentransporte per Luftschiff ebenso gescheitert wie die *Chipfabrik* mit ihren Halbleiterchips in Frankfurt/Oder.

Immerhin bieten derzeit zwei bekannte Unternehmen vielen Brandenburgern Arbeit und Brot. Der Triebwerkshersteller *Rolls-Royce* und der amerikanische E-Auto-Hersteller *Tesla*. Dabei fegte *Elon Musk* wie ein Sturm über das beschauliche Gebiet östlich von Berlin und man wird sehen, wann das Grundwasser rund um die gigantische *Gigafactory* mit 11.000 Angestellten und einem wöchentlichen Ausstoß von 5000 Autos versiegen wird.

Ein wissenschaftlicher Leuchtturm ist das um die Jahrtausendwende entstandene *Hasso-Plattner-Institut (HPI)* in Potsdam-Babelsberg. Das HPI ist ein IT-Institut und erforscht angewandte Themen digitaler Technologien. Der Mäzen Hasso Plattner (einer der Gründer von SAP) fühlt sich, ähnlich wie Günther Jauch, mit Potsdam besonders verbunden und hat neben dem HPI mit dem *Museum Barberini* seine Spuren hinterlassen.

Brandenburg hat erkannt, dass die Zukunft eher im **sanften Tourismus** liegt. Dies wird eindrucksvoll reflektiert durch inzwischen *elf Naturparks* (z. B. Hoher Fläming), *drei Biosphärenreservate* (z. B. Spreewald) und *einem Nationalpark* (Unteres Odertal). Sie alle dienen dem Schutz von Landschaft, von Flora und Fauna und der Erholung des Menschen. Darüber hinaus ist geplant, das Radwegenetz von gegenwärtig 7000 km kontinuierlich auszubauen. Für Velo-Freunde werden inzwischen über 200 ausgearbeitete Radtouren durch ganz Brandenburg angeboten!

Ich möchte im Folgenden nur die bekanntesten touristischen Highlights aufführen und überlasse es Ihnen, noch so viel mehr im schönen Land Brandenburg zu entdecken.

Das beliebteste touristische Ziel ist die Landeshauptstadt **Potsdam** mit dem prächtigen Lustschloss Friedrichs des Großen, dem *Schloss Sanssouci*. Es wurde in nur zwei Jahren als Sommerresidenz im friderizianischen Rokoko-Stil erbaut und ist mit Abstand der meistbesuchte Ort in Brandenburg. Wenn Sie „gut zu Fuß" sind, bringt ein Spaziergang im Schlossgarten Entspannung und Erholung.

Unweit vom Schloss finden Sie eine der schönsten *Schlösser-*

und Gartenlandschaften Deutschlands! Das UNESCO-Welterbe wurde entscheidend von *Peter Joseph Lenné*, dem berühmten Gartenarchitekten, erschaffen und geprägt. Die zahlreichen anderen Sehenswürdigkeiten in Potsdam, wie *Kolonie Alexandrowka, Schloss Cecilienhof* (Potsdamer Konferenz 1945), *Neues Palais, das einmalige holländische Viertel, der Alte Markt mit historischem Stadtkern* u. v. m., werden Sie inspirieren!

Wiederum die Eiszeit hat eine bekannte Region erschaffen, die heute zahlreiche Touristen anzieht: den **Spreewald.** Er ist eine in ganz Europa einzigartige Auenlandschaft! Die zahlreichen Fließe (Wasserarme) sollen zusammen über 1300 km lang sein!

Ich kann Ihnen versichern, dass Sie bei einer Kahn- oder Kanufahrt sehr schnell *entschleunigen*! Das Dahingleiten durch dieses einzigartige *Biosphärenreservat Spreewald* ist ein Muss für uns so oft gestressten Menschen.

Ein Besuch im *Freilichtmuseum Lehde* zeigt Ihnen das Leben der Bewohner des Spreewalds im 19. Jahrhundert. Großen Einfluss auf diesen Landstrich (Anlegen von Kanälen und Wasserläufen) hatten die *Sorben*, die ein westslawisches Volk mit eigener Sprache sind und in der Niederlausitz in Süd-Brandenburg und in Nord-Sachsen ansässig sind. Heute sprechen noch etwa 64.000 Menschen sorbisch. Vielleicht kennen Sie die kunstvoll bemalten Ostereier und die typische Tracht der Sorben?

Was kennt jeder aus dem Spreewald? – Richtig, die berühmte *Spreewaldgurke*! Zusammen mit dem *Beelitzer Spargel* ist sie die bekannteste Obst- bzw. Gemüsesorte in Brandenburg.

Zwei weitere Biosphärenreservate in Brandenburg sind einen Besuch wert: die **Flusslandschaft Elbe-Brandenburg** (um *Bad*

Wilsnack) und die **Schorfheide Chorin** mit dem großartigen *Kloster Chorin.*

Außer Potsdam sind die *Städte Rheinsberg, Templin und Brandenburg/Havel* einen Besuch wert. *Neuruppin* ist interessant, weil in der Stadt gleich zwei berühmte Brandenburger geboren wurden: Theodor Fontane, der größte Dichter Brandenburgs (*Wanderungen durch die Mark Brandenburg*), und Karl Friedrich Schinkel, grandioser Architekt und Baumeister, der u. a. in Berlin das *Konzerthaus am Gendarmenmarkt* entwarf oder das *Schloss Babelsberg* in Potsdam plante.

Technik-Interessierte werden sicher einen Besuch zum **Schiffshebewerk Niederfinow** einplanen, wo das alte und das neue Hebewerk parallel zu bestaunen sind.

Man könnte den Eindruck gewinnen, dass Brandenburg seit der Wende einem „Waschzwang" erlegen ist. Laut *Thermencheck (www.thermencheck.com)* hat Brandenburg **13 Thermen** und soll „eine der vielseitigsten Thermenregionen Europas sein." Die bekannteste ist sicher das *Tropical Islands*, in dem Sie auch übernachten können!

Die *Sternengucker* unter Ihnen werden Ruhe und Entspannung finden im seit 2014 ersten anerkannten Sternenpark Deutschlands, dem **Natur- und Sternenpark Westhavelland.** Er befindet sich ca. 70 km westlich von Berlin. Das Gebiet des Sternenparks gilt als einer der dunkelsten Orte in Europa. *Gülpe,* ein kleines Dorf an der Grenze zu Sachsen-Anhalt, gilt gar als dunkelster Ort in Deutschland! Hier kann man also den Nachthimmel mit seinen unzählbaren Sternen und die Milchstraße besonders gut beobachten

Wassersport-Freunde finden ein Paradies im südlichen Brandenburg: das **Lausitzer Seenland**. Hier wird, ähnlich wie im Ruhrgebiet, ein ehemaliges (Braunkohle)Revier zum Urlaubsparadies umgewandelt. Bis Ende der 2020er Jahre werden alle stillgelegten Braunkohletagebaue mit Wasser geflutet; danach wird die größte künstliche Wasserlandschaft Europas vollendet sein *(siehe Wikipedia, Lausitzer Seenland)*.

Schließlich möchte ich Ihnen noch einige der schönsten Seen in Brandenburg empfehlen:

1. **Schwielowsee** mit den Orten Caputh (Einstein-Haus), Ferch (Malerkolonie), Geltow (Aktives Museum rund um die Weberei) und Werder/Havel (Baumblütenfest mit Ausschank von süffigen Obstweinen).

2. **Scharmützelsee** (auch als *Märkisches Meer* bezeichnet) mit den Orten Bad Saarow (Therme), Wendisch Rietz (Satama, Sauna Resort und Spa) und Storkow (Burg und Klappbrücke).

3. **Schermützelsee** in der *Märkischen Schweiz* mit den Orten Buckow (Brecht-Weigel-Haus) und Waldsieversdorf (John-Heartfield-Haus).

4. **Teupitzer See** im *Dahme-Seengebiet* (z. B. Stadt Teupitz).

Bald schon wohnen wir 30 Jahre im Land zwischen Elbe, Oder, Spree und Havel und haben unseren Lebensmittelpunkt am „östlichen Rand" von Deutschland gefunden. An keinem Ort haben wir bisher länger verweilt als hier.

Der bekannte Fernsehjournalist Dieter Moor, der sich nun *Max Moor* nennt, ist mit seiner Frau „freiwillig" aus der schönen Schweiz aufs Land nach Brandenburg gezogen und in einem seiner zwei Bücher über Brandenburg heißt es:

„Die Mark Brandenburg: verlassene Landschaften, verbitterte Bewohner, verbreitete Fremdenfeindlichkeit." *

Ja, es stimmt, die Brandenburger sind zunächst eher „verschlossen", „knorrig" und reden nicht viel! Fremde werden zunächst argwöhnisch beobachtet. Meine Frau kann ein Lied davon singen, als sie neu an eine Schule als Englisch- und Französischlehrerin kam und sehr lange als „die Neue" angesehen wurde! Als gebürtiger Niedersachse, der ja angeblich „sturmfest und erdverwachsen" ist, ist *mir* dieser Charakterzug des *Abtastens* nicht ganz fremd.

Während eines Urlaubs an der Mosel hörte ich von unserer Vermieterin, dass sie während einer Campingtour durch „mein Land" viele Brandenburger als unfreundlich und stur erlebt habe. „Kommt wohl aus'm West'n, wa'?", schleuderte es ihr entgegen. Wenn man aber so wie wir länger in Brandenburg lebt, merkt man bald, dass die vermeintliche Verschlossenheit und Unfreundlichkeit eher etwas mit mangelndem Selbstbewusstsein zu tun hat. So habe ich es jedenfalls oft wahrgenommen und herausgefunden, dass die Menschen hier durchaus nett und hilfsbereit werden, wenn man ihr Vertrauen (über viele Jahre!) gewonnen hat!

_____

* *aus: Dieter Moor, „Was wir nicht haben, brauchen Sie nicht", Rowohlt Taschenbuch-Verlag, Reinbek bei Hamburg, 2009, erste Innenseite*

In einer meiner kleinen Lebensgeschichten ist das Wort *Menschenkenner* (S. 70) zu finden. Genau das braucht es, um den Brandenburger zu „knacken". Man muss ihn „zu nehmen" wissen, dann hat man einen Freund fürs Leben gewonnen!

Wie spricht man in Brandenburg?

„Uns Sproak mütt blievn. Das ist Niederdeutsch – auch Platt genannt – und heißt: Unsere Sprache muss bleiben. Niederdeutsch ist Regionalsprache in Brandenburg und auch die ‚Berliner Schnauze' hat ihren Ursprung dort." *

Ich kann auch nach so vielen Jahren noch immer kein berlinerisch/brandenburgisch sprechen und sowohl im Beruf als auch im Alltagsleben war und ist das ein gewisses *Handicap*. Bis heute heißt es inmitten einer Konversation irgendwann geradeheraus: „Du bist aber nicht von hier, oder?"

Inzwischen weiß ich mich aber in heimatlichen Gefilden, wenn mir das *Berlin-Brandenburg-Idiom* ans „Schallgebälk" tönt!

Hier ein paar typische Merkmale dieses liebenswerten *Regiolekts:*

Sehr gern wird das „g" in ein „j" umgewandelt, und das hört sich dann so an: „Ne jut jebratene Jans is' 'ne jute Jabe Jottes!" Weitere Beispiele gefällig? Jaarten (Garten), vajisset (vergiss es), anjebm *(angeben), jut (gut).* - Gern hängt man auch mal einen überflüssigen Buchstaben ans Ende eines Wortes: z.B. „ebend" oder „jetze" (jetzt).

---

* *aus: rbb24, https://www.rbb24.de; Kira Pieper*

Hier ein bekanntes Beispiel aus einem Sketch mit *Diether Krebs*: (das angehängte „d" ist übrigens auch in NRW und in MV zu finden!) Beim Fleischer: (Kunde) „Ein Pfund Nackend!" (Fleischer) „Sie meinen Nacken!" (Kunde) „Ebend!"

Grammatikalisch nimmt man es hier nicht so genau und dann hörst du: „Wie iss dat nu' mit *die*! Tapetenrollen, hasste welche jekooft oder nich?" Oder mehrere Eimer heißt: „Wo sind'n jetze die *Eimers!*?" Meine Lieblingsredewendung ist: „Ick hab' da noch wat feinet im Rejal (Regal) *zu!* liejen!" Herrlich!

Es könnte der Eindruck erweckt werden, als machte ich mich über den Sprachgebrauch meiner Landsleute (so darf ich sie nach einem reichlichen Vierteljahrhundert nennen) lustig?! Mitnichten! Er ist mir vertraut geworden und zaubert mir immer wieder ein verschmitztes Lächeln ins Gesicht.

Die Überschrift dieser kleinen Geschichte heißt „Natürlich, Brandenburg!". Das ist wunderbar mehrdeutig gemeint. Zum einen steckt in dem Wort *natürlich* das Nomen „Natur", und davon hat Brandenburg zum Glück jede Menge! Des Weiteren steckt darin das Wort „selbstverständlich". Oder auch „ungezwungen" (z. B. sie ist sehr natürlich geblieben).

Bei so viel *Natürlichkeit* bleibt nur zu sagen:

„Ick liebe dir, meen Brannenborg, du bist echt knorke!"
Kleines Brandenburg-Quiz

Wie wurde Friedrich II volkstümlich genannt?
P: Der Alte Fritz
Z: Der Alte Dessauer
D: Der Alte Preuße

Wie lang sind die Fließe im Spreewald aneinandergereiht?

L: 900 km

F: 1000 km

O: 1300 km

Wie heißt der größte brandenburgische Dichter?

G: Theodor Storm

T: Theodor Fontane

Y: Theodor Körner

Wie viele Seen hat Brandenburg?

K: 1000

H: 2000

S: 3000

An welchem See kann man das Sommerhaus von Albert Einstein finden?

C: Schermützelsee

V: Scharmützelsee

D: Schwielowsee

Wie viele Thermen gibt es in Brandenburg?

A: 13

B: 14

C: 15

Wo in Brandenburg kann man den Sternenhimmel besonders intensiv betrachten?

R: Uckermark

M: Westhavelland

E: Teltow-Fläming

Wenn Sie richtig geantwortet haben, ergeben die Anfangsbuchstaben die größte Stadt in Brandenburg.

Abendstimmung am Scharmützelsee, Brandenburg

Devotion

Blankets – yellow, red and green,
over chairs in black I have seen.
Six together make one,
just for two, not for everyone!

Lying down, gentle and tender,
I'm here just to surrender.
A field of roses in red,
and six blankets are our bed.

Like a creek from the hill,
I let my conscience flow – with no will.
Where it runs I do not care,
because I can feel you everywhere.

Turbulences arise in the field,
a gentle fight without a gun or a shield.
There is violence, but nice and calm,
and an arrow, but no harm!

Mountains high and bleak,
a volcano deep and full of heat.
We are trembling, and don't know where to go,
blankets and chairs rocking to and fro.

Deep abysses I do find,
they occupy my heated mind.
Both the Devil and God are crying,
and I ask myself: Am I dying?

Another day, another night,
another trembling, another fight.
Blankets – yellow, red and green,
PARADISE we both have seen!

Desire

There is darkness all around,
it is so profound that I cannot see.
But suddenly, a light emerges,
like a blazing flame, so radiant.
Now you are here the flame transforms into a fire,
a fire fueled by deep desire.
Desire, if left unfed, will grow pale.
Do keep my fire burning!
Do not allow coldness to creep back into my body,
for coldness signifies sorrow and pain.

The Joy of Life

As willows whisper in the wind,
I wander along the meandering water.
My mind is restless akin to the flowing stream beside me,
where bubbles gather on a stick.
They brim with life and joy!
So let me dream and linger for a while,
and may this moment never cease!

You and I

You and I were sitting near a sunlit lake.
It was fun telling silly fairytales,
as giants, dwarfs, a devil and a farmer,
made our childhood came alive!
But how much nicer the present moment is –
WITH YOU!
You rock on my lap, whispering silly words of love.
I gaze into your beautiful face, and happiness is
close by,
as we sit together on a cloud so innocent and dear!

Cocoon World

Listen to the silence!
Can you hear
the sound of falling snow?
Flakes are drifting down
wrapping the world in a cocoon.
An eiderdown lies on the grass,
and people are silent and still.
Our Hobbit-like house
is cosy and warm
providing us shelter like a cocoon.
Outside,
noise is muffled in cotton wool.
Inside,
I give you a cuddle,
and hold you tightly.
We are at ease,
and all is well
in our sublimely cocooned world.

The Ladybird*

On a warm summer's evening,
I stood in a meadow amidst corn poppy.
The sky above was a clear, serene blue,
and the air was filled with the chirping of crickets.
A ladybird playfully tickled my hand,
so peaceful and calm.
Sunbeams caressed my face.
Gentle wind was stroking my skin,
and I asked myself is it all but a dream?
I ventured forth in Arcadia,
ascending a tiny hill.
The world around me exuded harmony,
captivating my thoughts with wonders of nature.
So, ladybird, do stay with me,
you are so innocent and free!

A thing of beauty is a joy forever (John Keats)

Seek Solace in Nature

Seek solace in nature,
it seems to be the only comfort you can find.
When the world around you becomes chaotic,
turn to nature for solace!

There is terror and murder everywhere,
Mother Earth appears to be on the verge of eruption.
Pollution and exploitation are pervasive,
turn to nature for solace!

Politicians are corrupt and indifferent,
and people merely follow without any sense of
agency.
The world is sick with fever and slowly deteriorating,
turn to nature for solace!

Nature, on the other hand,
is serene, tranquil, and silent.
But does anyone truly care?
M e n will perish but nature will endure,
therefore: turn to nature for solace!

Closed Beauty

IN THE ENGLISH COUNTRYSIDE
– FROM A BIRD'S-EYE-VIEW –
I BEHOLD A MAJESTIC MANSION.
ITS WHITE FACADES
SHIMMERING BRIGHTLY IN THE SUN.
EVEN STORMS AND HAIL CANNOT HARM OR DAMAGE
THIS PLACE.
STURDY SLATES REST ATOP THE ROOF.
WHILE IVY GRACEFULLY CLIMBS
THE WALLS AND PILLARS.
THE BALCONY IS ADORNED
WITH BARE SCULPTURES,
AND IRON LANTERNS SWAY IN THE WIND.
THE SWIMMING POOL LIES TRANQUIL AND
FORGOTTEN,
SURROUNDED BY STRAW-CAPPED PARASOLS
RESEMBLING MUSHROOMS FROM ABOVE.
SOMEWHERE IN THE STABLE, HORSES SNORT.
THE SILVERY-SHINING BENTLEY
IS PARKED IN FRONT OF THE GATE.
EXOTIC TREES AND ROSES BLOOM IN THE PARK,
AND NOT A SINGLE PETAL LIES ON THE GROUND.
THE HEDGE SEEMS IMPENETRABLE;
BUT BEAUTY CANNOT THRIVE
IF IT IS LOCKED AWAY.

THE CARVED DOOR REMAINS SHUT
AND THE WINDOWS CLOSED,
WITH NO SOUND TO BE HEARD
AND NO PERSON IN SIGHT. -
BEAUTY, *CLOSED OFF*, IS WASTED AND LIFELESS.
OPEN YOUR HEART
AND LET YOUR BEAUTY SHINE.

In der Braderuper Heide, Sylt

Brave New World

B ankers with their white collars and coloured ties,

  A re convinced of being so important and nice.

   N ever do they believe they could be wrong,

    K nocking down the moral values; they are so strong!

     E ach day, there is nothing but clamorous bleating,

      R eckless rascals they are deceiving and cheating!

       S orry, your world is so wicked, I must be weeping!

       A

        R

         E

          L

           O

            S

             E

              R

               S

Heaven and Hell

When you suffer from bipolar disorder,
there are two faries perch on your shoulders.
One praises your greatness,
while the other shows you all your misery.
Every day you battle with both fairies.
Today, your euphoric side lifts you high,
but tomorrow, it is your depression that will pull you down:
weighing heavily on your body and mind.
Today, you may feel like royalty,
but tomorrow you may feel like a jester.
Bipolar disorder means being
on top of the world or in depths of despair!

Anhang

Übersetzung der englischen Gedichte und die Übertragung der beiden schlesischen Gedichte ins Hochdeutsche.

1. Devotion
2. Desire
3. The Joy of Life
4. You and I
5. Cocoon World
6. The Ladybird
7. Seek Solace in Nature
8. Closed Beauty
9. Brave New World
10. Heaven and Hell
11. Eerkuchen
12. Ei a Bloobeern

1. Devotion (Hingabe)

Decken – gelb, rot und grün,
habe ich über schwarzen Stühlen gesehen.
Sechs zusammengestellt ergeben einen (Stuhl),
nur für zwei und nicht für alle!

Wir legen uns sanft und weich nieder,
ich bin hier, um mich zu ergeben.
Ein rotes Rosenfeld,
und sechs Decken sind unser Bett.

Wie ein Bach, der vom Berg herunterfließt,
lasse ich mein Bewusstsein ohne Willen fließen.
Wohin es fließt, kümmert mich nicht,
weil ich dich überall spüren kann.

Es wird turbulent zwischen uns,
ein sanfter Kampf – ohne Gewehr und Schild.
Gewalt, aber sie ist schön und ruhig,
wie ein Pfeil, der nicht verletzt.

Hohe, kahle Berge,
ein tiefer Vulkan voller Hitze.
Wir zittern, wissen nirgendwo hin,
Decken und Stühle bewegen sich hin und her.

Ich entdecke tiefe Abgründe,
sie nehmen mein erhitztes Gemüt gefangen.
Der Teufel und Gott schreien beide,
und ich frage mich: Sterbe ich jetzt?

Ein neuer Tag, eine neue Nacht,
ein erneutes Zittern, ein erneuter Kampf.
Decken – gelb, rot und grün,
wir haben beide das PARADIES gesehen!

2. Desire (Begehren)

Um mich herum ist überall Dunkelheit,
es ist so dunkel, dass ich nichts sehen kann.
Aber plötzlich nähert sich ein Licht,
so hell wie eine gleißend-leuchtende Flamme.
Durch deine Anwesenheit wird die Flamme zum Feuer,
das durch tiefes Verlangen genährt wird.
Ein Verlangen, das nicht genährt wird, erlischt.
Also, halte mein Feuer am Brennen!
Lass nie wieder Kälte in meinen Körper kriechen:
weil Kälte Trauer und Schmerz bedeutet.

3. The Joy of Life (Lebensfreude)

Während die Weiden im Wind flüstern,
wandere ich entlang eines mäandrierenden Flusses.
Mein Kopf ist rastlos, ähnlich wie der strömende Fluss,
in dem sich gerade Luftblasen an einem Holzstock sammeln;
und die vor Lebensfreude strotzen!
Lass mich träumen und verweilen,
möge dieser Moment niemals vorbeigehen!

4. You and I (Du und ich)

Du und ich saßen an einem sonnigen See.
Ich erzählte alberne Märchen, es machte Spaß.
Riesen, Zwerge, ein Teufel und ein Bauer,
riefen unsere Kindheit wach!
Aber wie viel schöner ist dieser Moment:
MIT DIR!
Ich wiege dich in meinem Schoß, und flüstere kitschige
Liebesworte.
Ich schaue in dein hübsches Gesicht und das Glück ist nah,
wir sitzen zusammen auf einer Wolke, so unschuldig und schön!

5. Cocoon World (Welt im Kokon)

Höre auf die Stille!
Kannst du das
Geräusch von fallendem Schnee hören?
Flocken segeln herunter und
hüllen die Welt in einen Kokon.
Ähnlich einer Steppdecke, die auf der Wiese liegt,
die Menschen sind ruhig und still.
Unser Hobbit-ähnliches Haus ist
gemütlich und warm und bietet
uns Schutz wie eine Kokon-Hülle.
Draußen
sind die Geräusche
wie in Baumwolle erstickt.
Drinnen
umarme ich dich und
halte dich eng umschlungen.
Wir fühlen uns wohl und
alles ist wunderbar in
in unserer erhabenen *Kokon-Welt.*

6. The Ladybird (Der Marienkäfer)*

An einem warmen Sommerabend
stand ich in einer Wiese voller Klatschmohn.
Der Himmel war klar und heiter
und die Luft war erfüllt vom Zirpen der Grillen.
Ein Marienkäfer kitzelte meinen Handrücken,
so friedlich und sanft.
Sonnenstrahlen streichelten mein Gesicht.
Sanfter Wind strich über meine Haut,
und ich fragte mich, ist das nur ein Traum?
Ich ging weiter in meinem Arkadien,
und erklomm einen winzigen Berg.
Die Welt um mich herum strahlte Harmonie aus,
und die Natur nahm mich gefangen.
Lieber Marienkäfer, bleib bei mir,
du bist so unschuldig und frei!

etwas Schönes ist eine immerwährende Freude

7. Seek Solace in Nature (Suche Trost in der Natur)

Suche Trost in der Natur,
es scheint der einzige Trost zu sein, den du kriegen kannst.
Wenn die Welt um dich herum chaotisch wird,
suche einfach Trost in der Natur!

Es herrschen Terror und Mord überall,
unser Planet scheint am Rande des Zusammenbruchs zu stehen.
Umweltverschmutzung und Ausbeutung überall,
suche Trost in der Natur!

Politiker sind korrupt und kümmern sich um wenig,
das Volk läuft immer dem „Mainstream" hinterher.
Die Welt liegt im Fieber und siecht langsam dahin,
suche Trost in der Natur!

Die Natur dagegen
ist heiter, ruhig und still;
aber kümmert sich jemand darum?
W i r werden sterben, die Natur wird überleben,
daher: suche Trost in der Natur!

8. Closed Beauty (Verschlossene Schönheit)

In einer englischen Landschaft
– aus der Vogelperspektive –
entdecke ich eine majestätisch aussehende Villa.
Ihre weißen Fassaden leuchten hell in der Sonne.
Selbst Stürme und Hagel können hier keinen Schaden anrichten.
Robuste Schieferplatten ruhen auf dem Dach.
Efeu klettert elegant die Wände und Säulen empor.
Und der Balkon ist geschmückt mit nackten Skulpturen.
Eiserne Laternen schaukeln im Wind.
Der Swimmingpool liegt ruhig und verlassen da,
strohgedeckte Sonnenschirme stehen drumherum,
die von oben betrachtet Pilzen ähneln.
Irgendwo in einem Stall schnauben Pferde.
Der silbrig-glänzende Bentley ist vor dem Tor geparkt.
Exotische Bäume und Rosen blühen im Park,
und nicht ein einziges Blatt liegt auf dem Rasen.
Die Hecke darum scheint undurchdringlich zu sein;
Aber Schönheit kann nicht gedeihen,
wenn sie „weggesperrt" ist.

Die geschnitzte Tür bleibt zu
und die Fenster verschlossen.
Kein Geräusch ist zu hören,
und kein Mensch ist zu sehen. -
Schönheit, die „abgeschlossen" ist, ist nutzlos und leblos.
Öffne dein Herz,
und lass deine Schönheit erstrahlen.

9. Brave New World (Schöne neue Welt)

Banker mit ihren weißen Kragen und bunten Krawatten,
sind überzeugt, dass sie alle so smart und wichtig sind.
Niemals glauben sie daran, dass sie falsch liegen könnten,
sie geißeln die Moral – sie fühlen sich so stark!
Jeden Tag nur lautstarkes Blöken,
rücksichtslose Schufte – die täuschen und betrügen!
Sorry, eure Welt ist so gottlos, dass ich (los)heulen muss!
BANKER SIND VERLIERER

10. Heaven and Hell (Himmel und Hölle)

Wenn man an bipolarer Störung leidet,
sitzen zwei Feen auf deiner Schulter.
Die eine erzählt dir, wie toll du bist,
die andere zeigt dir deine ganze Misere.
Du kämpfst jeden Tag mit beiden Feen.
Heute macht dich deine euphorische Seite glücklich,
aber morgen zieht dich deine Depression nach unten.
Und liegt zentnerschwer auf Körper und Seele.
Heute bist du der *König der Welt,*
aber morgen fühlst du dich wie ein Narr.
Eine bipolare Störung bedeutet,
dass du entweder ganz oben bist oder in tiefer Verzweiflung
versinkst!

11. Eerkuchen (Eierkuchen)

„Schnell Junge, lauf zum Kaufmann Beer
und hole fürs Essen ein paar Eier!"
Ich flitze los und kaufe sie ein,
steck sie in die Hosentasche rein.

Im Garten von Seppel Krause
sind gar zu schöne rote Äpfel!
Ich lasse mich von der Pracht verführen
und denk: „Die musste mal probieren."

Wie ich so den Schönsten (Apfel) koste,
höre ich Bauer Krause husten!
Mit einem Satz bin ich am Zaun,
schnell drunter durch – und abgehau'n.

„Nanu", denk ich, „was ist denn das?
Du wirst auf einmal so nass?"
Da fallen mir doch die Eier ein,
die waren jetzt alle bloß noch Brei!

Das war vielleicht so ein Plunder,
die Soße lief am Bein herunter
und überall wohin ich langte,
da fasste ich in Eierpampe! –
Na, erst die Mutter war mir gut,
zum Mittag bekam ich trocken Brot!

12. Ei a Bloobeern (In den Heidelbeeren)

Ach, ihr Kinder, heute wird's schön,
weil wir in die Heidelbeeren gehen.
Eimer, Töpfe und eine Scheibe Brot
nehmen wir mit in die Heidelbeeren.

Alles freut sich, alles lacht,
weil das zu viel Freude macht.
Früh beim ersten Hahnenschrei
gehts in den Heidelbeerwald hinein.

Und schon bald rackern all.
Pflücken Heidelbeeren wie die Wilden.
Schwefelblau sind alle Sträucher,
manche Beere landet im Bäuchlein.

Und man sieht gleich am Mund,
wer am meisten gegessen hat.
Bei dem vielen Heidelbeersuchen
tun einem bald alle Knochen weh.

Und das Kreuz ist lahm und krumm,
wenn wir abends nach Hause kommen.
Aber alles ist vergessen,
wenn wir Heidelbeerkuchen essen.

Bildnachweise

Cover-Foto   Moritz Hansch
Foto Seite   10 Alfons Hansch (Foto bearbeitet)
Foto Seite   19 Katrin und Steffen Werner, Berlin
Foto Seite   43 privat
Foto Seite   69 Moritz Hansch
Foto Seite 109 Alfons Hansch
Alle anderen Abbildungen sind private Fotos, die bearbeitet wurden

Lösung Seite 83: POTSDAM

DANKE an *Alle,* die mich ermutigt haben, meine Sammlung zu sichten, zu sortieren, neu zu schreiben und in der vorliegenden Form auszubreiten.

DANKE an meine *Frau Anke,* die meine häufige Absenz toleriert hat.

DANKE an meinen *Sohn Moritz,* der die Bilder eingefügt hat und mit viel Geduld das gesamte Textlayout gestaltet hat.

DANKE an meinen *Schulfreund Hendrik Heydecke* für die technischen Tipps und für die Textkorrekturen.

DANKE an *Katrin und Steffen Werner,* die mir das Grönland-Foto zur Verfügung gestellt haben.

Kontakt für Ihr Feedback: alfons.hansch@gmx.de

Sonnenuntergang in Westerland, Sylt

.